실재란 무엇인가?

실재란 무엇인가

초판 1쇄 발행	2025년 3월 31일
지은이	조르조 아감벤
옮긴이	박영기
펴낸이	박영기
표지, 편집	디자인사과나무
펴낸곳	논밭출판사(등록번호_제 449-2008-00004호)
주소	충남 천안시 동남구 풍세면 두지길 9번지
Fax	041-574-0526
ISBN	978-89-963789-0-7 03110

CHE COS'È REALE: La scomparsa di Majorana by Giorgio Agamben
Vicenza; Neri Pozza Editore, 2016.
Korean Translation Copyright © Nonbahb Publishing. 2025.
All Right Reserved
This Edition is published by arrangement with Neri Pozza Editore through MM Agency Co.

이 책의 한국어판 저작권은 모모 에이전시를 통한 Neri Pozza Editore와의 독점 계약으로 논밭출판사에 있습니다.

실재란 무엇인가
에토레 마요라나의 실종

조르조 아감벤
Giorgio Agamben

CHE COS'È REALE:
La scomparsa di Majorana

목차

실재란 무엇인가 07
조르조 아감벤

참고문헌 69

물리학과 사회과학에서 통계 법칙의 가치 71
에토레 마요라나

옮긴이의 독서노트 97

실재란
무엇인가

조르조 아감벤

 1938년 3월 25일 밤 10시 30분 에토레 마요라나Ettore Majorana(그는 그의 세대 물리학자들 가운데 가장 뛰어난 인물들 가운데 한명이었다. 나폴리 대학교에서 그는 1년간 이론물리학과장을 역임했다)는 나폴리에서 팔레르모Palermo로 향하는 티레니아Tirrenia 증기선에 승선했다. 그 순간부터 미확인된 보고들과 추측들을 제외하고, 그해 4월 17일 주간 신문*Domenisca del Corriere*(칼럼 "사람을 찾습니다?")에 발표된 몇가지 단서들, "손등에 커다란 상처를 가진 서른한 살의 대학교수로 170cm의 키에 깡 마르고 검은 머리와 검은 눈동자"를 지닌 이의 모든 흔적이 사라졌다. 경찰 당국의 조사와

1938년 에토레 마요라나의 실종을 알리는 신문 칼럼

(엔리코 페르미의 요청으로) 정부 수장의 관심하에 이루어진 실종 수색에도 불구하고, 에토레 마요라나는 영원히 사라졌다. 가족들은 자살설을 절대로 받아들이지 않았고(경찰은 그가 자살했다고 확신하는 듯 보였다), 이 사건에서는 이런 상황들에서 보통 하는 것 같은 사망 추정 신고서를 신청하지 않았다. 그래서 그 과학자가 아르헨티나나 나찌 독일로 도망갔다거나, 어느 수도원에 은거했다가 1970년대에 시실리나 로마에 노숙자의 모습으로 출현했다는 등의 증명할 수 없는 전설들이 유포되었다.[1]

---

[1] [역주] 마요라나의 사라짐과 관련한 여러 가설들 1- 자살설: 여러 가지 정황 증거상 자살이다. 반론은 그의 가족들로 마요라나는 독실한 가톨릭 신자여서 자살을 하지 않을 것이라고 주장. 그리고 또 다른 이유로 마요라나가 은행 돈을 다 인출했다는 점. 2- Leonardo

그의 사라짐[실종]에 대한 모든 성찰의 출발점이 되는 확실한 문서는 나폴리로 출발한 당일과 그다음 날에 쓰인 마요라나의 편지다. 그 편지를 면밀히 분석해보면, 그가 사라지기로 결심한 그 순간에 마치 그가 자신의 흔적들[행적들]을 은폐하기를 원하는 듯, 의도적으로 자신의 행위에 대한 상충되는 해석의 여지를 남겨둠으로써 마요라나가 자신의 행위에 대한 여러 가지 다른 설명들이 있을 수 있음을 제안하는 것처럼 보인다.

출발한 당일에 그는 나폴리 대학교에 있는 동료 교수 안

Sciasia가 제기한 가설: 핵력核力이 핵무기 개발로 이어질 것을 예상하고 사라지기로 결심하였다는 가설. 페르미의 부인 Laura Fermi의 증언에 따르면 "에토레는 너무 영리하다. 만일 그가 사라지기로 결심하였다면, 누구도 그를 찾을 수 없을 것이다." 3- 수도원 가설(가족들과 신부들): 신앙의 위기로, 수도원에 칩거했을 것이다. 묵언 서약. 4- 나폴리에서 거지가 되었다는 가설: 그 동네 학생들에게서 보고된 내용으로 수학을 도와주는 거지 차림의 어떤 사람이 있었다고 보고됨. 5- 남아메리카로 갔다는 가설: 부에노스 아이레스의 힌 호텔에 마요라나라는 사람이 숙박했다는 보고가 있었지만, 숙박부가 사라져 진실을 알 수 없다. 6- 나찌의 비밀경찰에 의해 살해되었다는 가설. Barry R. Holstein, The Mysterious Disappearance of Ettore Majornana, *Journal of Physics 2009*.

토니오 카렐리Antonio Carrelli에게 편지를 쓴다.

"친애하는 카렐리에게, 저는 이제 불가피한 결단을 내렸습니다. 이 결단에는 조금의 이기심도 들어있지 않습니다; 그렇지만 저는 저의 갑작스러운 사라짐으로 인해 학생들이나 당신에게 피해가 발생할 수도 있음을 알고 있습니다. 이에 대해서는 당신에게 용서를 빕니다; 그리고 무엇보다도 지난 다섯달 동안 당신이 저에게 베풀었던 신뢰와 진심어린 우정과 공감을 저버린 것에 대해서도 용서를 빕니다. 또한 저는 당신의 연구소에서 알게 되고 감사히 여기는 모든 분(특별히 세바스티아노 시우티Sebastiano Scuiuti)에게 저를 상기시켜주기를 당신께 부탁드려봅니다: 저는 적어도 오늘 밤 11시 까지, 그리고 아마 그 이후에도 이 모든 것을 가장 소중한 추억들로 간직할 것입니다. E. Majorana "

마요라나는 그가 수행하려는 행위를 자살이 아니라 "저의 갑작스러운 사라짐"이라고 말하고 나서 바로 "오늘 밤 11시 까지, 그리고 아마 그 이후에도" 물리학 연구소의 친구들을 기억할 것이라고 분명하게 말한다. 상충되는 해석을 암시하고자 하는 그의 의도는 이미 명백하다: "11시까지"라는 문구는 실제로 죽음을 예상한다고 말할 수 있지만, 목격된 것처럼 선원들이나 승객들이 여전히 갑판 위에 깨어 있었고 분명히 그를 바라보고 있을 텐데 하룻밤이라는 많은 시간이 남아 있던 그가 출발한 지 반시간 만에 바다로 뛰어들 의도를 가졌을 개연성은 없다. 이런 관점에서, "아마 그 이후에도"라는 문구는 모든 자살설(비록 가설일뿐일지라도)과는 모순되어 보이기에 더욱 오해의 소지가 있다. 게다가 우리는 그의 결단("이 결단에는 조금의 이기심도 들어있지 않습니다")이 절대로 주관적인 동기가 아니라는 마요라나의 주장에 주목해야 할 것이다. 마요라나가 실제로 자살을 생각하지 않았었다는 것은 확실한 다른 사실에 의해서 입증된 것 같다: 출발하기에 앞서, 그는 상당량의 현금을 인출하였으며 여권을 지니고 갔다.

반면에, 죽음이란 것이 유독 복장 규정들[상복喪服]과 관련해서만 상기되듯이, 그기 호텔에서 그의 부모님들에게 남긴 편지는 자살 예고처럼 읽힌다.

"저는 한 가지만 부탁하렵니다: 검은 옷을 입지 마세요. 관습을 따르시길 바란다면, 약간의 애도를 하시되, 그것도 사흘을 넘기지 마세요. 그 이후에는 가능하면 마음으로 저를 기억해주시고, 부디 저를 용서해주세요."

3월 26일에 카렐리는 마요라나가 앞서 보낸 편지와는 상충되는 간단한 전보를 받았는데, 그 전보에서 마요라나는 새로운 편지를 약속한다: "놀라지 마세요. 나중에 [새로운] 편지가 갈 것입니다. 마요라나". "팔레르모, 1938-ⅩⅥ 3월 26일"(마치 공식적인 서류인 것처럼 파시스트 시절[파시스트 혁명력]에 대한 표기에 주목해야 한다)로 적힌 그 새로운 편지는 사실상 "실종자"의 즉각적인 귀환을 알리고 있다.

"친애하는 카렐리에게, 나의 편지와 전보가 동시에 전달되기를 바랍니다. 바다가 저를 거부했기 때문에, 아마 내일 저는 이 편지와 함께 여행하고 있는 볼로냐 호텔로 돌아갈 것입니다. 그렇지만, 저는 이제 가르치는 것은 그만두고자 합니다. 그렇다고 저를 입센Ibsen의 여주인공처럼 생각하지는 말아주세요. 사태[경우]caso가 다릅니다. 더 세세한 내용은 언제든지 문의해주세요."

다시 한번 바다의 거부에 대한 언급은 자살 실행 의도(또한 배 여행할 의도)의 포기를 암시한다고 할 수 있다; 그러나, 사라질 결심은 이 편지에서 가르치는 것을 포기하는 결단(어쨌든 간에 동일한 것으로 표명된)으로 대체되었다. 사라짐과 관련한 첫 번째 편지의 [비-주관주의적 동기와] 마찬가지로, 여기서는 교직의 사임에 대한 비-심리적 동기가 강조되고 있다("저를 입센Ibsen의 여주인공처럼 생각하지는 말아주세요. 사태가 다릅니다"). "사태가 다릅니다"; 마요라나는 이것이 해당 "사태"의 특별한 성질을 이해하는 문제임을 친구에게 암시적으로 전하고 있다.

마요라나의 행동은 이 편지의 내용조차도 사실이 아니었음을 입증하고 있다. 해운회사에 따르면 왕복표가 사용되었고, 마요라나를 아는 한 간호사가 나폴리의 거리에서 그를 일핏 보았다고 말했음에도 불구하고, 마요라나는 볼로냐 호텔로 돌아오지도 않았고 대학에 사표를 제출하러 나타나지도 않았다. 이제 그는 정말로 영원히 사라져버렸다.

우리가 그 편지들에 대한 검토로부터 끌어낼 수 있는 첫 번째 결론은 사실들의 실재성realtà은 정말로 그 편지들이 발생시킨 실재성(결국 편지들은 당사자가 결코 모를 수가 없는 [의도한] 다양한 해석을 양산한다)과 부합하지 않는다는 점이다. 마요라나는 그가 고별선언을 한 첫 번째 편지 이후에 사라지지 않았으며, 그의 재출현을 알린 두 번째 편지 이후에는 다시 나타나지 않았다. 그는 자신의 가족들에게 보낸 편지에서 암시한 것처럼 자살을 하지도 않았다. 그렇지만 확실한 것은 결국 그가 부인할 수 없게 정말로 사라졌다는 것이며, 마찬가지의 돌이킬 수 없는 방법으로 이론물리학에서의 그의 지위를 포기했다는 점이다. 그 두 경우 모두 편지들에서 제시된 방식들과는 다른 방식들로 이루어졌다.

다시 말해, 마요라나의 사라짐은 확실한 일임과 동시에 불가능한 일이다(문자적 의미 그대로, 사실들의 층위에서 증명될 수도 없고 확인될 수도 없다). [두 편지에서] 동일하게 남아있는 것은 그의 사라짐과 교수직 사임이 심리적이거나 주관적 동기에 의한 것이 아니라는 주장뿐이다. 그의 "사태"

는 모든 의미에 있어서 진정으로 "색다르다."

2. 1975년 [작가인] 레오나르도 샤샤Leonardo Sciascia는 마요라나의 사라짐에 관한 가능한 동기動機들에 대해서 모범적인 책을 헌정하였는데, 그 책은 잊혀가는 그러한 특이한 사건에 관한 관심을 정당하게 끌어냈다. 샤샤는 마요라나의 인격과 그의 철학적 문학적 성향들(아말디Amaldi의 증언에 따르면 그는 셰익스피어와 루이지 피란델로Luigi Pirandello의 열렬한 독자였다고 한다), 엔리코 페르미와의 곤란한 관계 그리고 1933년 독일 라이프니츠에서 물리학자 하이젠베르크와의 유익한 만남 등을 주의 깊게 재구성한다. 샤샤의 가설은 젊은 과학자(페르미에 의해 마요라나는 분별력이 좀 부족하지만 갈릴레오나 뉴턴과 필적할만한 천재 과학자로 규정된다)가 1934년에 페르미가 아직 깨달을 수 없던 것을 깨달았다는 것이다. 즉, 로마의 물리학자들에 의해 수행된 방사능 실험들이 우라늄 원자의 핵분열로 이어질 수 있다는 사실을 깨달았다는 것. "페르미에 따르면, 마요라나는 천재였다. 그렇다면 삼류三流나 이류 심지어는 일류 과학자들이 여

전히 인지하는 데 실패하거나 감지조차 못한 것을 마요라나가 인지하거나 감지 못할 이유가 있을까? 게다가, 1921년 초반 러더퍼드의 원자 연구를 가리키면서 한 독일 물리학자는 경고했었다: 그 물리학자는 '우리는 솜화약의 섬 위에 살고 있다'라고 하면서, 감사하게도 아직 그것에 불을 붙일 성냥은 아직 발견되지 못했다고 덧붙였다(그는 성냥이 발견된 후에, 솜화약에 불을 붙이지 않을 수 있다는 생각을 결코 하지 못했다.) 그렇다면 그로부터 15년 후, 핵분열의 잠재적 발견(비록 인정받지는 못했음에도 불구하고)에 직면한 천재 물리학자가 성냥이 현존한다는 것을 왜 깨닫지 못하였겠으며, (상식이 좀 부족한 그였기에) 경악과 공포 속에서 그것으로부터 왜 벗어나려 하지 않았겠는가?" [2]

샤샤는 페르미와 그의 동료들이 우라늄 원자를 중성자들과 충돌시켰고, 이는 의도하지 않게 핵분열을 이루어 냈으며, 1934년 마요라나는 독일 화학자 이다 노다크 Ida Noddack1896-1978가 발표한 짧은 논문에서 그 실험으로부터

---

[2] L. Sciascia, *La scomparsa di Majornan*, Adelphil, Milano, 2004, 42쪽.

"로마의 물리학자들에 의해 수행된 방사능 실험들이
우라늄 원자의 핵분열로 이어질 수 있다는 사실을 깨달았다는 것"

엔리코 페르미$^{Enrico\ Fermi(1901~1954)}$와 '파니스페르나의 소년들$^{I\ ragazzi\ di\ Via\ Panisperna}$': 로마의 비아 파니스페르나에 있는 물리학 연구소에서 엔리코 페르미(맨 오른쪽). 왼쪽부터 오스카 다고스티노$^{O.\ D'Agostino}$, 에밀리오 세그레$^{E.Segrè(1905~1989)}$, 에도아도르 아말디$^{Edoardo\ Amaldi(1908~1998)}$, 프랑코 라세티$^{F.\ Rasetti(1901~2001)}$. '파니스페르나의 소년들'이라는 별칭은 1920년대 후반부터 1930년대 중반까지 로마 사피엔자 대학교의 왕립물리학연구소에서 엔리코 페르미가 이끈 젊은 이탈리아 과학자 그룹에 붙은 이름입니다. 이 그룹의 별칭은 도심의 거리에 위치(파니스페르나가의 삼층 건물)한 연구소의 주소에서 유래하였다. 이 그룹의 구성원들은 에토레 마요라나$^{(1906~?)}$, 에도아도르 아말디, 오스카 다고스티노, 프랑코 라세티, 에밀리오 세그레, 브루노 폰테코르보$^{Bruno\ Pontecorvo(1913~1993)}$가 있었다. 에토레 마요라나는 에밀리오 세그레(1959년 노벨물리학상 수상)와 마찬가지로 로마 사피엔차 대학에서 공학을 전공하였다. 그러나 그는 세그레의 권유로 1928년 물리학으로 전공을 바꾸면서 페르미의 지도를 받는다. 마요라나는 1929년에 졸업하자마자 이 연구소에 결합한다. 마요라나가 사라지던 1938년 그해 겨울 엔리코 페르미는 스톡홀름에서 노벨물리학상을 받았다. 그러나 페르미가 노벨상을 받자마자 미국으로 망명하면서 그 그룹은 해체된다. 얼마 후 페르미와 세그레는 맨하튼 프로젝트(원자 폭탄 개발)에 참여하게 되었고, 라세티는 윤리적 이유로 참여를 거부한다.

실재란 무엇인가 17

얻는 결과는 그것이 (페르미가 잘못 믿은 것처럼) 새로운 초우라늄 원소들이 아니라, 우라늄 원자가 일정량 크기의 여러 파편으로 붕괴된 것이라고 주장한 것을 읽었다는 점을 주저 없이 상기시킨다. 여기로부터 이 핵분열이 일으킬 수 있는 재앙적인 귀결을 상상하기까지는 한순간이다; 샤샤는 마요라나 누이의 증언을 인용한다. 그녀에 따르면 에토레는 괴로운 듯 "물리학은 잘못된 방향으로 가고 있다"라는 말을 반복하였다고 한다. 샤샤의 책은 그 과학자가 아마도 죽기 전까지 칩거했을 카르투지오회의 수도원을 방문하는 것으로 끝맺는다. 샤샤는 이 가설을 사실적으로 증명 가능한 확실성이 아닌, "형이상학적 경험"으로 제안한다.[3]

---

[3] [역주] 샤샤는 마요라나의 천재성, 즉 페르미가 마요라나는 통상적인 천재가 아닌 갈릴레이나 뉴턴급의 천재라는 주장에 입각해, 마요라나는 그의 연구실에서 행한 핵분열 실험이 결국 핵폭탄으로 나아갈 수 있음 간파한 천재였기에 "물리학이 잘못된 길로 나가고 있다"라고 생각하여, 스스로 "사라짐"으로써 "과학(물리학)에 대한 거부"(샤샤의 책, 168~170쪽)의 신화로 자신을 탈바꿈시켰다고 주장한다. 샤샤의 에세이의 대부분은 마요라나의 성격, 물리학자로서의 직업, 그리고 그가 사라진 지 수년 후에 그를 보았다고 주장하는 목격자들의 증언을 설명하는 데 할애된다. 이 책은 이제 나이가 든 마요라나가 사라진 후 수도원에서 살았다는 가설로 결론을 내린다.

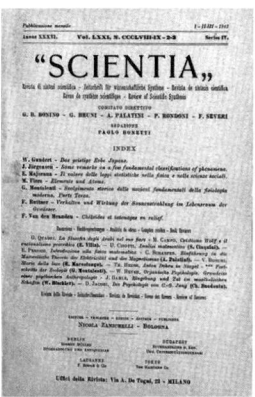

논문은 1942년 저널 Scientia Vol. LXXI, No. CCCLVIII-IX, 2월·3월호에 발표되었다.

3. 그 책의 한 부분에서, 샤샤는 마요라나가 1933년 독일로부터 돌아와 1937년 나폴리 대학교수직에 임명되던 시기 사이에 쓰인 한 논문 「물리학과 사회과학에서 통계법칙의 가치」로부터 한 구절을 인용한다(샤샤는 자신 주장의 이유를 제시하지는 못하지만, 샤샤에게 그 구절의 결론은 "불안과 공포라는 측면에서, 대단히 시사적"으로 여겨진다). 그 시기

그러나 이것은 사실적으로 입증된 주장이 아니라 샤샤가 제안한 "형이상학적" 사실일 뿐이다. 샤샤와 달리 아감벤이 선택한 길은 마요라나를 철학적 관심이 강한 물리학자로 접근하는 것이다(아감벤은 마요라나가 물리학자라는 직업에 좌절감을 느껴 사라졌다는 가설 또한 거부한다).

마요라나는 페르미나 대학 물리학 연구소와의 관계를 거의 끊은 상태로 자신의 집에 칩거하고 있었다. "그는 밤낮을 가리지 않고 글을 쓰고 또 썼다. 사실 철학에 대한 것이건 물리학에 대한 것이건 간에, 두 개의 짧은 논문들을 제외하고 [당시] 그가 쓴 글들 가운데 어떤 것도 남아있는 것이 없다."[4]

전자와 양전자의 대칭성 이론에 관한 첫 번째 논문은 1937년 마요라나에 의해 발표되었으며, 샤샤가 인용하였고 우리가 이 책에서 다룰 두 번째 논문은 그 젊은 과학자의 미스터리한 실종이 발생한 지 4년이 지난 1942년에 "물리학과 사회과학에서 통계 법칙의 가치"라는 제목으로 『과학』이라는 저널 3월호에 발표되었다.

논문 제목에서 제시된 물리학의 통계 법칙과 사회과학의 통계 법칙 사이의 유비는 주목받을만한 방식으로 그 논문에서 설명되고 있다. 사실 그 논문은 고전 역학적 결정론을 포기하고, 실재성에 대해 순전히 확률론적 구상을 지지한 결과로서의 물리학의 변혁에 대한 성찰을 담고 있다. 양자역학에서 자연에 대한 구상의 이러한 변혁은 또한 그것이 이용하

---

4) 같은 책, 155쪽.

는 통계 법칙의 특성의 변화를 함축한다. 고전 물리학에서는 통계 법칙이 물리계의 초기 조건들의 세부 사항 전체를 알지 않기로 한 결정에 입각하고 있으며, 자연법칙의 결정론에는 의문을 제기하지 않는다. 그러나 양자역학은 [통계] 법칙에 대한 그런 통념에 관해 급격한 전환을 내포하고 있다. 마요라나는 이에 대해 다음과 같이 말한다.

"자연에 숙명적인 일련의 현상을 표현하는 법칙이란 없다; 심지어 가장 기초적 현상들(원자계)을 관장하는 기본 법칙조차 통계적 특성을 지니고 있다. 그 법칙은 정해진 방식으로 준비된 계에서 수행된 측정이 특정 결과를 산출할 확률 설정만을 허용한다. 이는 우리가 가능한 최고의 정확도를 가지고 그 계의 처음 상태를 규정하기 위해 사용되는 수단과는 별개로 발생한다. 이런 통계 법칙은 결정론의 실제적인 결함을 나타낸다. 또한 이런 통계 법칙은 고전 통계 법칙들과는 아무런 공통점이 없다: [고전적 통계 법칙에서의] 결과들의 불확실성의 이유는 실용적인 이유에서 물리계의 초기 조건들을 그것들의 가장 미세한 부분들까지 탐구하기를 자발적으로 단념하기 때문이기에, 고전 통계 법칙과 이런 통계 법칙 사이에는 아무런 공통점이 없다."

마요라나가 염두에 둔 양자역학의 또 다른 측면은 하이젠베르크로 하여금 불확정성 원리를 정의하게끔 이끈 측면으로서, 이를 마요라나는 다음과 같이 정식화하였다.

"원자계에 대해 수행되는 모든 실험은 원리상 제거되거나 해소될 수 없는 어떤 한정된 교란을 원자계에 가한다. 따라서 모든 측정의 결과는 그 원자계가 교란되기 이전의 미지의 상태보다는, 그 계가 실험하는 동안에 놓이게 되는 상태와 더 관련된 것으로 여겨진다."

하이젠베르크는 원자계의 상태를 정확하게 기술하는 것에 대한 이런 불가능성으로부터 양자역학에 통계 법칙의 도입의 필연성을 얻어냈다. 어쨌든, 마요라나는 이 법칙의 새로운 의미를 이해하고자 하며, 물리학의 법칙과 사회통계학의 법칙 사이의 유비를 파악하려고 시도한다.

마요라나는 방사성 원자들의 방사성 붕괴과정에서 변환되는 그 원자의 '소멸률'과 관련된 확률법칙을 수단으로 이런 유비를 보여준다. 이런 변환들은 원자의 수명에 의존하지 않으며, 그 어떤 인과론적 결정론도 배제하는 순수 확률적 특성만을 지닌다.

"변환의 순간과 관련해서 개개의 방사성 원소들이 그 어떤 상호적 영향이나 외부적인 영향도 받지 않는다는 것을 직접적인 통계 측정과 확률 계산의 적용을 통해 검증하는 것이 가능해졌다; 실제로 정해진 시간 간격에서 발생하는 붕괴 횟수는 오직 무작위적 요동들, 즉 개별 변환 법칙의 확률적 특성에 따라 주어진다."

여기서, 언뜻 보기에는 사회통계학에 의해 연구된 사실들(예를 들자면, 주어진 인구에서의 기대수명표 같은)과의 유비로 제시될 만한 것이 없어 보임에도 불구하고, 마요라나는 고전 물리학의 통계 법칙과 관련하여 [그 논문의] 앞 페이지들에서 증명된 것 못지않게 여기서도 상응성이 충분히 존재한다고 주장한다. "우리에게 익숙한 통계 법칙 아래 가려져 있었으며, [기존의] 가정된 결정론을 대체하는 새로운 종류의 통계 법칙(간단히, 확률론적 법칙)을 물리학으로 도입하는 것"은 사회적 통계 법칙과의 유비를 배제하도록 우리를 강제하지 못할 뿐만 아니라, 사회적 통계 법칙에 한층 더 나은 근거를 제공한다. 사회적 사실과는 다르게, 방사성 원자의 붕괴가 일회적이고 예측 불가능한 현상(수천 년 후에나 일어날 수 있는 것)이라는 이의제기는 사실상 극복 불가능한 것은 아니다.

"방사성 원자의 붕괴는 자동계수기가 적절한 증폭 덕분에 가능해진 기계적 효과를 가지고 그 붕괴를 감지하도록 하면 된다. 따라서 어떤 단일 방사성 원소의 우연한 붕괴에 의해 *제어되는* 복잡하고 눈에 띄는 연쇄 현상들을 준비하는 것은 보통의 실험실 장치로도 충분하다. 엄밀한 과학의 관점에서, 인류 사건들의 기원에서도 마찬가지로 단순하고 비가시적이며, 예측할 수 없는 중대한 사실들이 발견되는 것이 타당하다고 생각하는 것을 방해하는 것은 아무것도 없다. 만일 이것이 우리가 믿는 바와 같이 그렇다면, 이때 사회과학의 통계 법칙은 그 기능이 커진다. 그 기능은 수많은 미지의 원인의 결과를 경험적으로 확립하는 기능일 뿐만 아니라, 무엇보다도 실재성의 직접적이고 구체적인 증언을 제공하는 기능이기도 하다. 이런 증언에 대한 해석은 통제[통치] 기술 가운데 가장 중요한 보조 수단인 어떤 특별한 기술을 요구한다."

우리는 이 대목을 매우 신중하게 성찰할 필요가 있다. 무엇보다도 그 '제어된다'는 단어가 이태릭체로 강조된다는 점이다; "어떤 단일 방사성 원소의 우연한 붕괴에 의해 *제어되*는 복잡하고 눈에 띄는 연쇄 현상들을 준비하는 것은 통상적인 실험실 장치로도 충분하다." 이 단락에서 수년 후에 오펜하이머와 페르미가 이끄는 연구팀에 의해 만들어진 첫 번째 원자폭탄으로 인도할, 핵분열에 대한 암시를 넘어서는 어떤 내용을 읽어내는 것도 가능하다. 마요라나가 제안하는 듯 보이는 것은 실험자의 개입을 승인하는 것, 즉 현상 자체를 어떤 특정 방향으로 향하도록 실험자가 "동세"하게끔 민드는 것은 바로 양자역학에서 쟁점인 현상들의 전적인 확률론적 특성 때문이라는 것이다. 불확정성 원리는 여기서 그것의 참된 의미를 드러낸다. 그 원리는 인식에 한계를 두는 것이 아니라, 실험자의 개입을 불가피한 것으로 정당화하는 데 참 의미가 있다. 만일 어떤 원자계에 대하여 실험하거나 측정하는 것이 그 원자계에 제거할 수 없는 교란을 가한다면, 이때 그 실험에서 관건은 그 원자계에 대한 인식이라기보다는, 무엇보다도 그 계가 측정 도구로 인해서 겪는 변형인 것이다.

앞서 언급했듯이 마요라나는 "원자계에 대해 수행되는 모든 실험은 원리상 제거되거나 해소될 수 없는 어떤 한정된 교란을 원자계에 가한다. 따라서 모든 측정의 결과는 그 원자계가 교란되기 이전의 미지의 상태보다는, 그 계가 실험하는 동안에 놓이게 되는 상태와 더 관련된 것으로 여겨진다"라고 말했다. 그리고 우리는 마요라나가 양자 물리학의 이런 측면을 "결정론의 단순 결여보다 훨씬 더 걱정스러운 것"으로 규정한 이유를 이해한다; 전례가 없을 정도로 물리계의 상태에 대한 실험자의 "통제"와 "결정"을 허용(강제)하는 것은 바로 양자 층위에서 고전 물리학이 지닌 결정론의 결여 때문이다.

이 단계에서, 마요라나가 사회통계학의 절차들을 갖고 수립한 유비는 더욱 중요하게 되었다. 마요라나의 논문 결론 부분의 가장 수수께끼 같은 문장("통제[통치] 기술 가운데 중요한 보조 수단인 어떤 특별한 기술을 요구한다.")은 이런 관점에서 특별한 의미를 획득한다; 양자역학의 확률론적 법칙은 원자계의 상태에 대한 인식을 목적으로 하는 것이 아니라, "통제하는 것"을 목적으로 하며, 마찬가지로 사회통계학의 법칙은 사회 현상들에 대한 인식이 목적이 아니라, "통치관리"를 목적으로 삼는다. 두 경우 모두, 통계학은 "통제[통치] 기술 가운데 가장 중요한 보조 수단인 어떤 특별한 기술"이다.

이때 마요라나가 물리학을 포기하도록 촉발한 동기에 대한 샤샤의 가설은 수정되고 보완될 필요가 있다고 보는 것도 가능하다; 마요라나가 원자의 핵분열 결과들을 알아챘는지는 확실치 않지만, 그가 실재적인 것il reale에 대한 모든 비확률적 구상을 포기한 [양자] 역학의 의미들을 분명히 알았다는 것만은 틀림없다. 과학은 더이상 실재성을 알려고 시도하지 않으며, 사회과학의 통계학저럼 단지 실재성을 통제 관리하기 위하여 그것에 개입할 뿐이다.

4. 마요라나의 논문이 출간되기 일 년 전인 1941년 초, 시몬 베유 Simone Weil(1909~1943)는 마르세유에서 본질적으로 양자역학에 대한 비판인 「과학과 우리」라는 제목의 글을 쓰기 시작하였다. 그 글 도입부에서 고전 물리학에 대한 양자 물리학의 이질성이 과감하게 제시된다: "금세기 초 우리 서양 사람들에게 매우 이상한 일이 발생했다; 알아챌 시간도 없이, 우리는 과학을 잃었다(적어도 지난 400년 동안 그 이름으로 불려왔던 학문을 잃었다). 지금 우리가 이 이름하에 가진 것은 다른 어떤 것(근본적으로 다른 것)이며 우리는 그것이 무엇인지 모른다." [5]

베유에 따르며, 고전 물리학은 모든 자연현상을 일 lavoro 개념에서 파생된 에너지라는 단일 개념에 의거해 구축되었다. 예를 들어, 만일 내가 한 장소에서 다른 장소로 몸을 움직이는 일을 수행하기를 원한다면, 나는 특정한 양의 에너지를 사용하여야 한다; 문제의 그 몸은 처음 상태와 나중 상태 사이에 있는 모든 중간 상태를 반드시 통과해야 할 것이다.

---

[5] S. Weil, *Sur la science*, Gallimard, Paris, 1966, p. 121.

"베르누이Daniel Bernoulli(1700~1782)와 달랑베르Jean Le Rond D'Alembert(1717~1783)의 발견을 기반으로, 라그랑주Joseph Louis Lagrange(1736~1813)는 미분을 통해서 어떤 힘에 종속된 모든 물질계의 모든 가능한 평형 상태와 운동 상태를 단일한 공식으로 정의하는데 성공하였다; 이 공식은 거리와 힘에만 적용되거나, (또는 동일한 것에 해당하는) 질량과 속도에만 적용된다."[6]

이렇게 에너지 개념을 추가한 고전 물리학은 엔트로피 원리를 동일한 필연성으로 추가한다: "이 필연성은 시간 자체에서 기인하며, [그 필연성은] 어떤 일이 일어나건 간에 시간이 변화의 정향과 무관할 수 없는 방향을 가진다는 사실로부터 이룩된다. 우리는 이 필연성을 나이듦(우리를 점점 더 옥죄며 결코 내버려 두지 않는 노화현상) 뿐만 아니라 일상의 사건을 통해서도 경험한다. 책상에 책을 던지거나 서류를 뒤섞고, 옷을 더럽히거나 옷감을 구기고 또는 밀밭을 태우거나 사람을 죽이는 등의 일은 최소한의 노력이나 시간만으로

---

[6] 같은 책, 126-127쪽.

도 충분하다. 그러나 책상 위의 책을 가지런히 하거나 서류를 정돈하고, 옷을 빨거나, 옷감을 다림질하는 것은 많은 시간과 노력을 기울여야 한다; 일 년이라는 수고와 관리의 기간은 밭에서 새로운 작물을 생산하는데 필수적인 것이며, 죽은 사람은 결코 되살아 돌아올 수 없다." [7]

이것은 에너지 변화가 발생된 모든 현상 속에서는 그 현상이 종결되었을 경우에 그 처음 상태를 정확하게 복구하는 것이 가능하지 않다는 것을 의미한다. 클라우지우스에 의해 정식화된 열역학 제 2 법칙은 엔트로피라는 개념의 가공을 통해 이런 현실에 수학적 형식을 부여하였는데, 그 엔트로피는 변화가 발생하는 모든 계에서 필연적으로 증가하며, 따라서 외부적 요인의 개입이 없다면 에너지는 저하되고 질서는 무질서로 넘어간다.

"이것이 바로 고전 과학의 최대의 성취였다. 고전 과학은 계산, 측정, 수식을 통해서 우주 속에서 만들어진 모든 현상을 간단

---

[7] 같은 책, 128쪽.

한 법칙을 따르는 에너지와 엔트로피의 단순 변동들로 읽어내는 것이 가능할 것이라고 주장하였다." [8]

이런 변동은 필연적이고 연속적인 과정이었고, 따라서 고전 과학의 기반은 우리가 매번 일을 수행할 때 직면하게 되는 동일한 필연성과 연속성에 두고 있다고 말할 수 있다. 양자 이론은 물리 법칙과 일의 경험에 기반한 세계의 이미지 사이의 이런 대응[일치]를 근본적으로 의문시한다.

"이십 세기 과학은 고전 과학으로부터 어떤 것이 제거된 이후의 과학이다. 추가된 것 없이, 제거된...... 우리는 자연 법칙들과 일의 조건들 사이의 일치, 즉 [과학의] 원리 자체를 고전 과학으로부터 빼버렸다. 양자 가설이 참수한 것이 바로 이것이다." [9]

고전 물리학에서 "에너지는 공간의 함수이다. 그리고 공간은 연속적이다; 공간은 연속성 그 자체이다; 공간은 연속성

---

[8] 같은 책, 130쪽.
[9] 같은 책, 147쪽.

이라는 견지에서 고찰된 세계이다. 사물들의 병렬이 연속적인 어떤 것을 함축하는 한에서 공간은 사물[의 세계]이다."[10] 베유에 따르면 상수[11]를 지닌 플랑크의 공식은 불연속성이 발생할 수 없는 지점인 에너지에 불연속성을 도입하였다. 사실, 물리학에서 불연속성의 출현은 원자계에 대한 탐구(원자계는 거시계의 법칙과는 완전히 다른 법칙들을 따르는 것으로 드러난다)와 연결되어 있다. 게다가 베유에 따르면, 불연속성의 도입은 확률의 도입을 함축하고 있다: "불연속성, 수數, 작음: 이것만으로도 원자를 출현하게 하는데 충분하며, 원자는 자신과 뗄 수 없는 부속물인 우연이나 확률과 더불어 우리에게 돌아왔다. 과학에서 우연의 출현은 물의를 일으켰다; 우리는 그것이 어디에서 왔는지 자문했으나, 원자가 그것을 가져왔다는 것을 깨닫지 못했다; 우리는 이미 고대 세계에서 우연이 원자와 함께 했다는 것을 잊어버리고 있었

---

10) 같은 책, 148쪽.

11) [역주] 플랑크 상수(h)란 물질의 양자역학적 성질을 결정하는 기본 상수로, 더 이상 쪼갤 수 없는 원자 단위 에너지의 크기를 나타낸다. h라는 기호로 나타내며, 값이 $h=6.626176 \times 10^{-34}$ J·s인 기본 상수. 플랑크가 최초로 이론적으로 제안하였고, 밀리칸이 실측하였다.

고, 그럴 수밖에 없음을 깨닫지 못하였다." [12]

바로 이어지는 페이지에서, 양자 물리학으로 이끈 결정적인 요인은 불연속성이라기보다는 확률 계산이라는 주장이 나온다. 기이한 반전은, 확률이 원자계의 불연속성의 함수가 아니라, 불연속성은 오히려 확률로부터 파생된다. 베유는 반복적으로 인용하는 플랑크의 글을 검토하면서, "불연속성을 도입한 것은 경험[실험]이 아니라.... 확률 개념의 이용 때문이라는 것이 명백하게 드러난다"라고 말하고 있다. [13]

1941년 문예지 *남방수첩Les Cahier du Sud* 겨울호에 실린 글['*양자 이론에 대한 성찰*']에서 확률의 이런 계보학적 우위성이 다시 한번 제시된다: "플랑크가 그의 공식에 정수를 도입하게끔 이끈 것은 주사위 게임에서 기원하고, 결국 수적 관계들로부터 기원하는 확률 계산의 본성 자체 때문은 아닌지 묻고 싶다."[14]

몇 장 뒤에서 베유는 다음과 같이 덧붙인다: "과학자들이 불연속성을 발견했을 때도, 그들은 모든 것을 에너지의 변화

---

[12] 같은 책, 150쪽.
[13] 같은 책, 155쪽.
[14] 같은 책, 193쪽.

들로 환원시키는 것을 포기하지 않았다; 과학자들은 단지 에너지 속에 불연속성을 부과함으로써 그것에서 모든 의미를 제거한다...... 우리에게 주어진 세계와 가설적이고 순수 역학적인 원자 세계 사이의 가교를 확률 개념을 통해 이룩하려는 어려움이 과학자들을 곤혹스럽게 하지는 않았다; 확률 연구로부터 기원하는 양자 이론의 결과들은 확률을 원자 자체에서 찾도록 과학자들을 자극했다." [15] 이 지점에서, 시몬 베유는 확률 개념의 검증에 초점을 맞춘다.

5. 베유는 우연 개념을 필연 개념으로 되돌림으로써 [확률 검증을] 시작한다: "우리는 종종 우연(hazard)을 오해한다. 우연은 필연의 반대가 아니며, 필연과 양립할 수 없는 것이 아니다. 그와 반대로 우연은 항상 그리고 오직 필연과의 관계 속에서만 출현한다. 엄밀한 필연에 따라 결과를 산출하는 일정 수의 서로 다른 원인을 가정해보자. 그리고 그 결과들 속에 일정한 구조를 가진 어떤 집합이 출현한다고 가정해보자. 이 경우에 그 원인들을 동일한 구조의 집합으로 묶을 수

---

[15] 같은 책, 204쪽.

없다면, 이때 우리가 얻게 되는 것이 우연이다. 그 모양 때문에 주사위는 여섯 가지 방식만으로 땅에 떨어질 수 있다; 반면 그것을 던지는 방식에는 제한이 없다. 만일 우리가 천 번 주사위를 던질 경우, 나온 상태들은 여섯 종류로 분류될 수 있으며, 그것들 사이에는 수적인 관계를 가진다. 그러나 던지기는 그런 방식으로 나눌 수 없다. 게다가, 나는 매번 주사위 운동을 결정하는 기계적 필연성의 그물에서 그 어떤 미세한 결함도 상상할 수 없다. 만일 내가 한번 주사위를 던질 경우, 나는 그 결과가 어떨지 알 수 없다. 그 이유는 그 현상의 비결정성[무규정성] 때문이 아니라, 부분적으로는 내가 그 주어진 데이터를 알지 못하는 문제이기 때문이다…… 이 게임에서, 원인들의 집합은 연속성의 힘을 가진다. 다시 말해, 원인들은 선분 위의 무수한 점들 같은 것이다; 하지만 결과들의 집합은 서로 구별되는 얼마 안 되는 가능성들로 정의된다."[16]

이런 의미에서, 만일 우연이 필연과 분리 불가능한 것이

---

16) 같은 책, 150~151쪽.

라면, 이때 확률은 다시 우연과 분리 불가능한 것이 된다. 확률 덕분에 우연은 실험 속에서 통제 가능한 [물리]량이 된다.

"우연을 이용한 게임에서, 연속적인 원인들의 집합과 각 결과가 분포될 수 있는 몇 개의 범주를 생각해보자. 이때 나는 각각의 결과가 엄밀하게 하나의 원인에서 비롯됨에도 불구하고, 원인들의 집합 속에는 이 [결과의] 범주에 해당하는 것이 절대로 아무것도 없다고 단언한다; 이것이 말하는 바는 바로 우연이 있다는 것이다. 따라서 이 범주들 모두는 동시에 그 범주들과 무관한 원인들의 집합에 대하여 동일한 관계를 지닌다. 그리고 이것이 범주들은 동등한 확률로 있다고 말할 때 내가 의미하는 것이다. 확률 개념은 늘 동등한 확률로의 분포를 함축한다...... 확률과 실험의 관계에 대해 말해보자면, 이는 필연과 실험 사이의 관계와 닮아있다. 원인을 변화시키면서 우리가 어떤 함수에 따라 바뀌는 결과를 얻었을 경우, 그 실험은 필연의 이미지를 제시한다; 반면 범주들 속 결과들의 분포가 결과들이 누적됨에 따라 계산에 의해 제시되는 비율들에 점점 더 가까워질

때 확률의 이미지를 제시한다." [17]

    이 지점에서, 베유는 플랑크가 플랑크 상수를 통해 물리학 이론 속에 확률과 불연속성을 도입하도록 이끈 방법과 어떻게 이 원리가 양자역학에서 일반화되었는지를 재구성한다: "엔트로피 개념과 확률 개념 사이에는 자연스러운 전환이 존재한다. 왜냐하면 외부의 교란이 없는 어떤 한 물리계가 중간 사슬들을 매개로 상태 A에서 상태 B로 이행할 수는 있으나 그 반대로는 불가능하다면, 이것은 상태 B가 상태 A보다 더 확률이 높다는 것을 의미하기 때문이다." [18]

    플랑크가 이런 아이디어들을 정교화하던 바로 그 순간, 우연이 원자 영역 속에 출현하였다. 실제로 브라운 운동[19]에 대한 관측은 거시적 층위에서 평형 상태에 있는 것으로 여겨지는 어떤 유체가 미시적 층위에서는 전혀 그렇지 않다는 것

---

[17] 같은 책, 152쪽.

[18] 같은 책, 155쪽.

[19] [역주] 액체에 떠 있는 지름 10^{-6} m 정도의 미시적 입자가 끊임없이 움직이는 액체 분자들과 충돌하여 마구잡이 운동을 하는 현상. 1827년 식물학자인 브라운R.Brown이 액체에 떠 있는 꽃가루에서 처음 발견하였다.

을 보여주었으며, 일반적으로 거시적 층위에서 명백히 필연적인 방식으로 정의된 물리계가 분자적 층위에서는 수많은 가능 조합상태들에 해당한다는 점을 보여주었다.

"만일 우리가 필연성을 원자 영역 속으로 들이고자 한다면, 거시적 층위에서 정의된 한 물리계의 두 상태들 사이의 관계는 더 이상 필연성의 관계가 아니라, 확률의 관계인 것이다. 이것은 인과성에 어떤 결함이 있기 때문이 아니라, (주사위 게임 과정과 유사한 과정을 거치는) 두 층위들 사이에 사유의 이동의 결과 때문이다. 사유의 자연스러운 움직임은 마음에 동시에 나타나는 두 확률들(엔트로피와 결부된 확률과 원자와 결부된 확률)을 동화시켜, 그 두 확률을 하나이자 같은 확률로 간주하도록 이끈다…… 그러나 확률 계산은 수치 계산이기 때문에, 소위 원자들의 결합상태는 불연속적이며 그것들의 [물리]량은 수로 표시된다는 것이 인정된다; 바로 이것이 고전 과학과의 단절의 지점이다." [20]

---

[20] 같은 책, 156쪽.

여기서 양자 물리학의 통계 법칙들이 주어진 계의 상태와 관련해서 그 계의 데이터에 대한 불완전한 인식의 결과가 아니라, 마요라나의 어휘를 빌려 말해보자면 실재성에 있어서 결정론의 결핍을 가리킨다는 생각에 대해 베유가 강력한 비판을 하고 있다는 점은 분명하다. [베유에게는] 필연성과 인과관계 패러다임은 양자역학에서도 여전히 유효한 것으로 남아있으며, 고전 물리학의 우위성은 정확히 이것에 기초한다: "필연성에 대한 광경과 필연성의 경험에 정화淨化 효과가 있는 것은 루크레티우스의 몇몇 놀라운 구절들을 읽는 것으로 충분히 느낄 수 있다; 잘 참아낸 불행이 그런 종류의 정화 작용이다; 그리고 고전 과학 역시 그것을 잘 사용하면, 그것 역시 하나의 정화 작용이다. 왜냐하면 고전 과학은 모든 현상을 이런 냉정한 필연성(아무것도 중시되지 않는 세계, 스스로 작동하는 세계, 인간의 욕망이나 열망, 선함과는 무관하며, 그렇게 작동하는 세계를 만드는 냉정한 필연성)을 통해 읽으려 노력하기 때문이다. 고전 과학은 의인과 악인에 대해 차별하지 않고 빛을 비추는 태양을 연구하기 때문이다."[21]

베유에 따르면, 확률의 이름으로 필연성과 결정론을 포기하는 양자 역학은 과학이기를 완전히 포기하는 것이다. 만일 고전 물리학의 연속적 모델과의 단절의 원인이 확률 계산이라는 수치적인 성격 때문이었다고 한다면, 베유는 이 지점에서 어째서 과학자들은 (물리학 이론을 전부 바꾸는 대신에) 불연속성에 근거하지 않고 연속성에 기반한 계산 모델을 가다듬기 위한 확률 개념 연구를 선택하지 않았는지 묻고 있다.[22]

6. 양자 물리학의 토대를 놓는데 기여한 과학자들 역시 양자 물리학의 확률적 특성에 대한 비판들을 개진하였다. 예를 들어, 양자들이 입자적 특성과 파동적 특성을 동시에 지닌다는 이론을 발전시킨 루이 드 브로이Louis de Broglie1892~1987는 이런 이중성에 대한 비-확률적 해석(대체로 고전 물리학의 개념들에 더 부합하는)을 제공하려 시도하였다. 그러나

---

21) 같은 책, 131쪽.

22) 같은 책, 157쪽.

닐스 보어Niels Bohr1885~1962, 막스 보른Max Born1882~1970, 베르너 하이젠베르크Werner Heisenberg1901~1971, 폴 디랙Paul Dirac1902~1984에 의해 제안된 지배적 해석[코펜하겐 해석]은 그것을 거부했다. 드 브로이가 주장하길 이 지배적 해석은 "파동과 입자 모두를 고려함에도, 명백한 시-공간적 모델 속에 그 둘을 연결하려는 어떤 시도도 없이 그 둘을 일종의 유령적 존재로 치부해버린다. [지배적 해석에서] 입자 자체는 더 이상 고정된 위치, 속도, 궤적을 가지지 않는다 - 입자 자체는 측정 순간에 주어진 위치, 에너지, 운동량을 드러냄으로써만 자신의 현전을 나타낼 수 있다. 따라서 어떤 특정 순간에 입자는 측정 순간에 특정한 확률로 현실화되는 여러 *가능한* 위치들과 운동량들을 보유한다고 말할 수 있다. 시간과 공간 속에 명확한 대상으로 현존하기를 그치는 이런 소멸성 입자와 더불어, 규칙 파동 역시 고전적인 파동의 모든 물리적 속성들을 상실해버렸다: 그 파동은 입자의 측정으로부터 특정한 결과들을 얻을 확률을 표현하는 순수한 수학적 함수에 지나지 않는다." [23]

---

23) L. De Broglie, *Nouvelles perspectives en microphysique*, Albin Michel, Paris, 1956, p. 194.

양자 이론에 결정적인 공헌을 한 알버트 아인슈타인조차 그 이론을 확률적으로만 해석하는 것에 대하여 죽을 때까지 유보 입장을 취했다. 1935년 오월, 아인슈타인Albert Einstein1879~1955은 보리스 포돌스키Boris Podolsky1896~1966, 나단 로젠Nathan Rosen1909~1995과 함께 "물리적 실재성에 대한 양자 역학의 기술은 완전하다고 할 수 있는가?"라는 제목의 논문[일명 EPR 역설 논문]을 『피지컬 리뷰Physical Review』에 제출하였다. 그 글에서 아인슈타인은 양자역학에서 두 개의 물리량이 주어질 때, (닐스 보어의 상보성원리를 따를 경우에는) 한쪽의 물리량에 대한 인식은 다른 한쪽의 인식을 배제하기 때문에, 이는 파동함수에 의해 제시되는 실재성에 대한 기술記述이 완전하지 않거나, 아니면 두 개의 물리량이 동시에 현존하는 것이라고 논하고 있다. 완전한 물리 이론의 가능성을 주장하면서 끝맺고 있는 그 논문은 그 즉시 같은 저널에 닐스 보어의 반응을 끌어냈다. 닐스 보어는 측정 장치들과 실험 대상 사이의 상호작용은 필연적으로 고전적인 인과성 관념의 포기를 함축한다는 양자 원리에 근거한 상보성 원리(예를 들어 한 입자의 속도나 위치 같은 정식 공액 변수들에 대해 명확한 값을 할당하는 것은 불가능하다는 원리)를 확립했다; 양자역학에서, 자연법칙들은 시간과 공간 속에서 일어나는 것에 대해 완벽한 규정에 이르지 못하고, 모든 사건은 우연과 확률에 의존한다. 논문 끝부분에서, 약간의 악의를 담았지만 부당하지는 않게 보어는 아인슈타인이 양자 물리학의 확률적 성격에 대해 비판하고자 했던 것은 다름 아니라 그의 일반상대성 이론의 귀결이었다고 상기시킨다: [양자역학이 불러온] "자연철학의 이런 새로운 특성은 물리적 실재성과 관련한 우리 태도의 근본적 수정을 의미한다. 이는 일반상대성 이론이 불러온, 물리적 현상들의 절대적 성격과 관련한 모든 관념에 대한 근본적 수정과 필적할만한 것이다." [24] 그러나 통계적 의미로의 실재성에 대한 이런 수정은 정확히 아인슈타인이 그의 일생에 걸쳐 해결할 수 없었던 난제였다(그리고 그의 추론에 모순이 없지는 않았다).

---

[24] N. Bohr, *Can Quantum-Mechanical Description of Physical Reality Be Considered Complete?*, in ≪Physical Review≫, October 15, 1935, vol. 48, p. 702.

아인슈타인과 보어의 논쟁이 있은 지 몇 달 후, 양자역학의 창립자들 가운데서 아마도 최상의 철학적 배경을 가진 에르빈 슈뢰딩거Erwin Schrödinger1887~1961가 개입하였고, 그는 "고양이 역설"로 알려지게 된 [사고] 실험을 제안하였다. 슈뢰딩거는 일단 널리 인정되는 해석에 따라 고전 물리학에서 하듯이 대상을 기술하는 것은 불가능하며, 따라서 우리는 대상들에 대한 확률 표상만을 부여할 수 있다는 점을 재차 주장하면서 시작한다. 관측자가 개입하여 물리계의 변수들을 측정하기 전에는 그것들은 명확한 값을 갖지 않는다. 그리고 그 변수들을 측정한다는 것 또한 그것들이 객관적으로 지닌 값을 확인한다는 의미가 아니다. 측정은 그 물리계를 돌이킬 수 없게 바꿔버린다. 하지만 그 측정이 이루어지기 이전인 확률적 표상 속에서, 그 관측대상 입자는 그것이 취할 수 있는 모든 위치에서, 말하자면 동시적으로 발견될 수 있다. 또한 구별되는 두 개의 상태들의 경우에는 그것들의 결합 상태들로도 발견될 수 있다.

여기서 슈뢰딩거는 동시에 살아있거나 죽어있다고 가정할 수밖에 없는 고양이의 "우스꽝스러운 사태"를 소개한다:

"다소 우스꽝스러운 사태를 [사고실험으로] 구상해볼 수 있다. 고양이 한 마리가 아래와 같은 고안에 따라 강철 상자 안에 고안물들과 함께 갇혀있다(그 고안물들은 그 고양이가 직접 건드릴 수 없도록 안전하게 보호되어야만 한다): 가이거 계수기 안에는 미량의 방사성 물질이 있는데, 그 미량의 방사성 물질이 한 시간 안에 그 원자들 가운데 하나가 붕괴될 확률과 그렇지 않을 확률은 동일하다; 만일 방사성 물질이 붕괴한다면, 계수관이 그것을 감지하고 이어서 시안화수소산[독극물]이 들어있는 작은 병을 깨트리게 장치되어있는 망치를 계전기가 작동시킨다. 만일 한 시간 동안 이 전체 계를 그대로 두었다고 하였을 때, 우리는 그동안 원자가 붕괴하지 않았을 경우에는 고양이가 여전히 살아있다고 말할 수 있을 것이다. 반면 첫 번째 원자 붕괴가 있을 경우는 고양이가 중독되어 죽을 것이다. 전체 계의 Ψ 함수(그 계의 확률 상태를 표현하는 함수)는 그 상자 안에 살아있는 고양이와 죽은 고양이(미안한 표현이지만)가 같은 비율로 뒤섞여 있는 사정을 표현하고 있다." [25]

---

[25] E. Schrodinger, *Die gegenwartige Situation in der Quantenmechanik*, in ≪Die Naturwissenschaften≫, 1935, n. 23, p. 812.

관측자가 그 계(고양이)를 두 상태(살아 있거나 죽은) 가운데 하나로 확실히 이행시킬 수 있는 것은 그 상자를 열어볼 때 뿐이다.

시몬 베유가 제안하였던 것처럼, 양자역학에서 문제가 되고 있는 역설은 확률 개념의 본성 자체에 대한 적절한 반성이 이루어지지 않은 채로, 확률론적 구상에 대한 무조건적인 수용으로부터 기인한다는 것은 자명하다. 양자역학에 대한 지배적 해석의 지지자들과 그들에 대한 비판자들 모두에게, 관측 전후의 계의 상태는 실재하는 상태가 아니라 확률적 상태이다; 그러나 그들은 이런 상태에 대한 표상을 생산하면서, 확률이 역설적인 방식(예를 들어, 마치 한 입자가 동시에 상태 A와 상태 B로 있는 것처럼) 속에서만 사유될 수 있는 매우 특별한 종류의 실재인 것처럼 주장하는 듯 보인다. 그렇지만 확률적인 것[개연적인 것]을 마치 존재하는 어떤 것인 것처럼 표상하는 것은 맞는 것인가? 다른 말로 하면, 여기서 쟁점은 확률적인 것 또는 가능적인 것il possibile의 존재론과 관련된 문제이다. 왜냐하면 확률은 (일정한 방법으로 자질이 부여된) 가능성이기 때문이다. 베유의 제안에 따라, 여기서 그 확률 개념에 대해 집중해보는 것이 필요하다.

7. 확률 계산은 주사위 게임을 이해하는 맥락에서 다듬어져 왔다. 지롤라모 카르다노Gerolamo Cardano1501~1576가 1575년에 썼지만, 사망한 이후인 1663년에 출판된 『우연 게임에 대하여』는 확률의 기초를 최초로 명료하게 진술하고 있다. 카르다노는 손이나 머리를 사용하는 구기球技 게임, 레슬링이나 원반던지기 같이 힘을 사용하는 게임 그리고 카드나 주사위 놀이 같이 우연에 의한 게임을 구분하면서 시작한다. 카르다노는 도박광이었는데, 자서전에서 그는 이십오 년 동안 매일 주사위 게임을 함으로써 "명예도, 시간도, 돈도 모두 잃었다"고 고백한다. 그러나 그는 주사위 게임이 슬픔과 죽음에 맞서는 유익한 치료제라는 것을 자신의 경험이 보여주었다고 말한다: "엄청난 불안과 슬픔의 시기에, 도박은 허용될 뿐만 아니라, 유익하기도 하다..... 장기간의 투병으로 죽음이 눈앞에 있었을 때, 나는 지속적인 주사위 놀이에서 적잖은 위로를 받았다."

주사위 게임의 '기본원칙'은 조건의 동등함이다: 즉, 그 게임의 참여자 사이의 동등함(권력이나, 재력이나, 행운의 측면에 있어서 참여자들이 너무 다르지 않아야 한다)과 무엇보다도 주사위 자체의 동등함(주사위에 불순물이 있어서는 안 된다). 제 9장('한 개의 주사위 던지기에 대하여')에서, 카르다노는 확률의 정의에 근접한다. "주사위는 여섯 면을 가지고 있다; 여섯 번 던질 경우에, [모든 면이] 한 번씩의 점수가 발생할 것이다." [26] 이것은 만일 주사위가 오염되지 않았고 동등함의 조건이 준수될 경우에, 각 면의 점수의 확률은 1/6 이라는 것을 의미한다;

그러나 카르다노는 사실 동일 숫자가 다른 숫자들보다 더 자주 나올 수 있다는 것을 알고 있기에 '발생할 것'이라고 쓰고 있다(일부 학자들은 카르다노가 모든 통계 계산의 기초가 되는 대수의 법칙을 직관적으로 알았다고 주장한다). 14장에서는 확률에 대한 보다 명확한 정의로 여길 만한 주장이 적혀있다: "일반적 규칙 하나가 있다. 즉, 그 규칙은 전체 키르쿠이투스circuitus(카르다노에게 circuitus는 '가능한 결과들의 집합'이다)와 유리한 결과가 얼마나 많은 방식들로 발생

---

26) H. Cardani, *Opera omnia, vol. I*, Lione, 1663, p. 264.

할 수 있는지를 보여주는 투척 수를 고려하고, 그 수를 나머지 circuitus와 비교해야 하며, 그 비율에 따라 도박자들 간에 판돈을 걸어야 하는 규칙이다." **27)**

두 개의 주사위의 경우에 circuitus의 수가 36(주사위 세 개의 경우는 216)임이 확립되면, 적당한 표를 통해서 다양한 점수들의 확률들을 계산할 수 있게 된다. 예를 들어, 3점은 (2+1)이라는 방식으로만 얻어질 수 있고, 10점은 (5+5, 6+4) 두 방식으로만 얻어질 수 있으며, 그 두 경우에 확률들은 다르다.

8. 이런 표를 작성한 이후에, 카르다노는 주사위로부터 운을 제거하는 것은 불가능하다고 주장한다: "[도박에서] 사람들은 운을 기대하기 때문에, 어떤 사람들은 예기치 않은 경우들로부터 돈을 벌고, 어떤 이들은 돈을 잃는다." **28)** 그러나 카르다노의 짧은 논고를 주의 깊게 읽어보면 거기에서 우리는 확률 이론의 첫 번째 특징을 끄집어낼 수 있다. 시몬 베유가 직감하였듯이, 무엇보다도 확률 개념은 농능한 확률들 간

---

27) 같은 책, 266쪽.
28) 같은 책, 270쪽.

의 분포를 전제한다(즉, 카르다노가 다소 모호한 방식으로 언급하였던 동등함의 원리). 우리가 우연caso, 즉 검증 중인 사건들(주사위의 착지)과 그것들의 원인(주사위 던지기) 사이의 연관성이 절대적으로 무관하다는 사실을 인정한다면, 이것은 그런 사건들이 모두 동일한 개연성[확률]을 지닌다는 말로 표명될 수 있다. 푸앵카레가 고찰하였듯이, 이로부터 확률에 대한 정의가 순환적이라는 점이 뒤따라 나온다. 왜냐하면 확률에 대한 정의는 정의되어야 하는 사항을 내포하고 있기에 순환적이다: "어떤 사건의 확률은 그 사건에 호의적인 경우의 수와 가능한 모든 경우의 수(이 모든 경우의 수가 동등한 개연성이 있다면)의 비율이다." [29]

이런 순환성은 확률 개념이 특정한 실제 사건(현실에서 실제로 주사위를 던지는 것)을 가리키는 것이 아니라, 순수 가능성으로 간주되는 사건만을 가리킨다는 것을 의미한다. 다른 말로 하자면, 확률은 인간 정신이 한 사건을 가능한 것으로 고찰할 수 있으며, 게다가 해당 사건들의 종류와 관련해서 모두 동등하게 가능한 것으로 간주할 수 있음을 전제하고

---

[29] 앙리 푸앵카레, 『과학과 가설』, 이정우·이규원 옮김, 에피스테메, 2014, 207쪽.

있다. 이런 규약 없이는 확률 계산은 생각조차 할 수 없다. 그러나 이 확률 계산이 개별 사태와 관련될 수 없고, 우리가 "개연적인 사태"라고 부르는 가상의 존재[계산상의 실체]와 관련될 뿐이라는 사실은 여전히 남아있다.

푸앵카레에 의해 제시된 룰렛의 사례를 생각해보자: [30] 적색과 흑색으로 번갈아 칠해진 같은 크기의 여러 칸이 있는 룰렛 테이블 위로 자그마한 공을 던진다. 그 공이 적색 부분에서 멈출 확률은 1/2이다. 그러나 이것은 비록 공이 여섯 번, 열 번, 스무 번 연이어서 흑색에 멈추었다고 할지라도, 우리가 그다음에 적색에 공이 멈출 것이라고 가정할 수는 없다. 오직 엄청 많은 수의 던지기가 있은 이후에야, 우리는 그 결과의 평균이 예측된 1/2 확률로 분포된다는 것을 확인할 수 있다. 이것이 야코프 베르누이Jakob Bernoulli1654~1705의 *추측법Ars coniectandi(1715)*에서 언급된 대수법칙의 의미이다. 이 법칙은 확률의 동등성 법칙을 사용해 계를 구성하며, 확률은 특정한 실제 사건과 관련된 것이 아니라 검토된 표본들의 수를 무한히 확대하려는 경향과 관계된다는 원칙을 확인

---

30) [역주] 같은 책, 223쪽.

한다.

 다른 말로 하자면, 확률 계산을 떠받치는 원칙은 실재성의 영역을 확률의 영역으로 대체하거나 또는 둘을 중첩시킨다. 확률을 염두하고 행동하는 이들은 이런 중첩에 따라 움직이며, 그것이 개별적인 실제의 사태를 결정하지는 못할지라도 실재성에 관한 그들의 결정(명백한 오류 추리임에도 불구하고)에 어느 정도 영향을 줄 수도 있다는 것을 암묵적으로나마 인정할 수밖에 없다. 근대 과학(그리고 그 과학과 함께하는 개개인)은 해당 사태를 직접 언급할 수 없고, 해당 사태와 오직 "우연적으로" 일치할 수 있는 "개연적인 사태"만을 언급하는 기준에 따라서 결정을 내린다.

 만일 내가 타게 된 비행기가 추락할 확률이 1/1000이라면, 이때 정확히 그 비행의 추락은 "개연성이 적은 사태"인 것이다(실제로 그 비행기가 추락한 이후에도 여전히 그러하다). 비트겐슈타인의 어휘로 말해보자면, 세계는 "사태[일어나는 것]의 총체" [31]일 뿐이며 따라서 확률은 결코 그 자체로

---

[31] [역주] 루트비히 비트겐슈타인, 『논리-철학 논고』, 이영철 옮김, 책세상, 2006, 19쪽: "The world is everything that is the case. The world is the totality of facts, not of things."

는 존재할 수 없다. 왜냐하면 확률은 우리로 하여금 세계를 통제하고 세계에 대해 결정을 내릴 수 있도록 실재성이 유예되는 세계, 바로 그런 세계와 다름없기 때문이다. 즉. 우리가 "우연[사태]"이라고 부르는 것은 확률적인 것과 가능적인 것이 현실[실재성]로 '넘어간다'라는 의제擬制인데, 오히려 그 반대가 진실이다; 특정한 방법으로 고찰할 때, 자체의 실재성을 유예하면서 그렇게 확률적인 것으로 스스로 넘어갈 수 있는 것은 바로 실재적인 것이다.

9. 1654년, 파스칼Blaise Pascal1623~1662과 페르마Pierre de Fermat1607~1665 사이에 오간 서신 교환보다 더 분명하게 확률 계산의 목적과 본성을 드러내는 문헌은 없을 것이다. 앙트완 곰보Antoine Gombault, cavalier De Méré(1607~1684)는 소위 "중단된 게임" [32]의 문제를 파스칼에게 제시하였다: 만일 어

---

32) [역주] "친애하는 파스칼에게, 나는 심각한 문제에 봉착했네. 실력이 비슷한 갑과 을이 각각 32피스톨(화폐 단위)을 걸고 게임을 했네. 총 5판에 3판을 이기면 64피스톨을 모두 가지기로 했지. 그런데 갑이 2판, 을이 1판을 이긴 상황에서 일이 생겨 게임을 그만뒀어. 다시 돈을 반씩 나누면 2판이나 이긴 갑이 너무 억울할 것 같고, 갑에게 64피스톨을 다 주면 을이 앞으로 이길 수도 있으니 공평하지 않

면 주사위 게임에 참여한 두 도박자들 가운데 한명의 최종 승리가 있기 전에 그 게임이 중단되었다면, 어떻게 몫을 공정하게 나눌 수 있을 것인가? 파스칼의 해법은 위험 계산(파스칼은 그가 신학용을 위해 남겨둔 *확률probabilité*이란 단어가 아니라 *운hasard*이라는 단어를 사용한다)을 수단으로 "매 게임의 적절한 값"을 찾아낼 가능성에 기반한다.

"예를 들어 두 명의 도박자가 세 번의 게임을 하고, 각자 32 피스톨을 걸었을 때, 다음은 내가 그 게임들 각각의 값을 아는 방법입니다. 우선 갑이 두 게임을 이겼고, 을이 한번 이겼다고 가정해봅시다. 이제 그들은 운명의 다음 게임을 합니다. 여기서 갑이 이기면 그는 64 피스톨이 걸려있는 전체 도박게임에서 승리하게 될 것입니다. 그렇지만 그 경기에서 을이 이겼다면 그들은 2:2 동률이 됩니다. 그때 그들이 [금액을] 나누기를 원한다면, 결국 그들은 자신이 걸은 금액인 32 피스톨을 다시 돌려받게 될 것입니다.

갑이 이길 경우, 64 피스톨은 그의 것이 될 것임을 숙지하세요.

은 듯하네. 어떻게 해야 공평할까"

만일 갑이 진다면, 32 피스톨만이 그의 몫이 될 것입니다. 이렇듯 그들이 이 게임의 위험을 감수하려 않거나, 또는 게임을 하지 않고 자신들을 운에 맡기려 한다면, 갑은 다음과 같이 말을 할 것이다: '나는 32 피스톨을 확실하게 확보하였습니다. 질 경우에도 그 몫은 저에게 옵니다. 나머지 32 피스톨에 대해서, 저는 그것들을 확보할 수도 있고, 을인 당신이 확보할 수도 있습니다: 운은 동등합니다. 따라서 우리 둘이 남은 32 피스톨을 반으로 나누면 되고, 이미 제가 확보한 확실한 몫인 32 피스톨은 주시면 됩니다.' 그렇게 갑은 48 피스톨(32+16)을 갖게 될 것이고, 을은 16 피스톨을 갖게 될 것입니다." [33]

논평자들은 파스칼이 서신 왕래의 과정에서 검증하고 있는 점점 더 복잡해지는 계산의 사례들(확률에 대한 후기 테제들에 분명히 영향을 끼친)을 종종 주목해왔다. 그 결과 우리는 파스칼이 그 문제 해결에서 목적으로 한 것, 즉 가능성에 대한 정확한 확률론적 평가를 통해 *실재성[현실]*에 관해 결정할 수 있게 한다는 것을 놓쳐 왔다. "중단된 게임"이라는

---

[33] B. Pascal, *Les lettres de Blaise Pascal*, Cres, Paris, 1922, p. 193.

문구 자체가 시사하듯이, 이는 실제 게임을 위험 계산으로 대체하기 위해 실제 게임을 유예하는 문제로써, 그런 관점에서 이것은 가장 공평하고 유익하게 몫의 분할 결정을 가능하게 만들었다. *게임 없이 자신들을 운에 맡긴다*는 표현은 특별히 의미심장하다; 확률을 계산하는 사람은 실제로 위험을 무릅쓰지 않고 운에 맡긴다. 즉 그는 실재성[현실]을 벗어나는 동시에 운을 실재성에 관한 결정 원리로 변형시킨다. 이것이 의미하는 바는 확률은 엄격하게 그대로 실현되는 것이 아니며, 개별 실제 사건과 관련된 것도 아니다. 마요라나가 이해하였듯이 오히려 확률은 우리로 하여금 특별한 관점으로부터 고찰된 실재성을 통제[지배]하기 위해 실재성에 개입하게끔 해준다는 것이다.

페르마에게 보낸 편지에서 전개된 운 개념은 파스칼의 저서『팡세』가운데 전혀 예상하지 못하는 부분에서 나타난다: 파스칼의 내기*pari*에 대한 그 유명한 대목, 즉, 신이 있는지 없는지 그리고 지상의 [확실한] 즐거움에 대비되는 영원한 삶의 불확실성에 대해 신자가 내기를 거는 대목에서 다시 출현한다. 동전의 앞면은 신과 영원한 삶의 존재에 해당하고,

뒷면은 신의 부재에 해당되며, 도박자들이 내기를 걸어야 한다고 가정해보자. 가능한 이득의 무한성과 마찬가지로 가능한 손실의 유한성 사이의 차이 때문에 우리는 계산될 수 있는 확률은 고려하지 말고, 걸린 판돈에만 근거하여 결단할 것을 요청한다. 실제로, 이득의 불확실성은 도박에 필연적으로 따르는 것이다. 그리고 계산은 불가능한 확실성을 보장하기 위해서가 아니라, 불확실한 상황 속에서 결단하기 위해서만 사용된다.

"이길지 질지는 불확실하다 하고, 위험에 모험[내기를 하는]을 거는 것은 확실하다 하더라도, 또 위험에 모험을 거는 것[내기거는 것]의 '확실성'과 딸지도 모르는 '불확실성'과의 사이에 있는 무한의 거리는 인간이 확실하게 위험에 모험을 거는 유한의 선善과 딸지 불확실한 무한의 선善을 동일하게 만들어준다 하더라도 아무런 소용이 없기 때문이다. 사실은 그렇지 않다. 내기를 하는 모든 자는 불확실한 이득을 따내기 위하여 확실한 위험[운]*hasard*을 무릅쓴다. 그럼에도 그가 불확실하고 유한한 이득을 위해서 확실하고 유한한 위험을 감수하는 것이 이성에 어긋나는 것은 아니다.[34]"

 만일 승리의 위험과 패배의 위험이 같지만, 판돈이 한쪽은 무한이고 다른 쪽은 유한일 경우, 도박에 참여한 자가 이것을 고려할 수밖에 없다는 것은 분명하다. "중단된 게임"에서 마지막 게임의 판돈을 둘로 똑같이 나누도록 우리를 부추긴 동일한 계산이 여기에서는(판돈을 나눌 수 없다는 점에서) 결정적으로 높은 이득일 수 있는 것에 내기를 걸라고 우리에게 제안한다. 내가 나의 인생을 결단하는 도박[내기]은 판돈에 의존하지, 그 내기에 승리할 확률의 증명(애초 불가능한)에 의존하지 않는다.

 10. 근대 통계학은 확률이 그것의 실험적 검증과 무관하다는 생각을 당연시한다. 따라서 특정 값의 빈도수의 분포를 순진하게도 관측 중인 그 계의 객관적 속성으로 파악하려는 반복적 경향은 "자연주의적 오류"[35]라는 낙인이 찍힌다. 실

---

34) 블레즈 파스칼, 『팡세』, 하동훈 옮김, 문예출판사, 132쪽, 번역을 아감벤의 문맥에 맞게 약간 수정함.

35) P. De Vineis, *Modelli di rischio*, Einaudi, Torino, 1990, p. 29.

제로 확률 계산을 그것의 실험적 검증과 혼동하지 않는 것이 중요하다. 동전 던지기에서, 앞면과 뒷면의 관측된 빈도수가 0.5가 아니라 0.7이거나, 주사위 던지기의 빈도수가 1/6이 아니라 3/6이라면, 이것은 확률론의 공리가 틀렸다는 것을 의미하는 것이 아니라, 아마도 동전이나 주사위가 불량이라 교체할 필요가 있음을 의미한다.

통계학은 실재적인 것에 대한 실험적 인식을 목표로 하는 과학이 아니다; 오히려 통계학은 불확실한 조건들 속에서 우리에게 결정을 내릴 수 있게 하는 과학이다. 이런 이유에서, 확률의 기원인 주사위 게임들에서 명백하였듯이, 확률의 바탕이 되는 개념은 장시간에 걸친 빈도수라기보다는 오히려 "내기에 대한 배당률"[36]이다(그리고 여기서 빈도수는 그 계의 실제 속성을 추론하는 데 사용되는 것이 아니라, 정확히 양자역학에서 발생하는 것처럼 이전 추측을 강화하거나 반박하는데 사용된다(도박과 상당히 유사하다)).

11. 잠재성(가능성)dynamis과 현실성energeia이 나란히 존

---

[36] 같은 책, 21쪽.

재의 한 방식으로 고려될 수 있다는 관념은 아리스토텔레스에까지 거슬러 올라간다. 잠재성은 현실성 속에서만, 즉 능력[잠재성]의 실행 순간에만 존재한다(타당한 이유가 없지는 않다)고 주장하는 메가라 학파에 맞서서, 아리스토텔레스는 만일 그것이 사실이라면 우리는 건축 일을 하고 있지 않을 때의 건축가를 건축가로 여길 수 없거나 '의술'을 실행하고 있지 않을 때의 의사를 의사로 부를 수 없다면서 그런 주장에 반대한다.[37] 다른 말로 하자면, (아리스토텔레스가 특별히 인간 기술들과 지식들과 관련시킨 능력인) 잠재성은 그것이 실행되지 않을 가능성, [즉] 현실성으로 존재하거나 존재하지 않을 수 있는 그것의 힘, 현실성으로 이행하거나 이행하지 않을 그것의 힘에 의해 구성적으로 정의된다. 명백히 여기서 문제가 되는 것은 아직 현실태가 아닌 형태로 현존하는(즉, 현실적 실현realizzazione과는 독립적인 형태로 현존하는) 가능성의 존재 방식이다. 이런 이유에서 아리스토텔레

---

[37] 아리스토텔레스, 『형이상학』, 조대호 옮김, 길 출판사, 2017, "현실적인 활동을 할 때만 능력이 있는 것이고, 현실적 활동을 하지 않을 때는 능력이 없는 것이라고 말하는 사람들이 있다(김진성 옮김:힘이 발휘하고 있을 때에만 할 힘이 있다)" 1046b 30.

스는 다음과 같이 주장할 수 있었다: "모든 잠재성은 잠재성 자체 대한 비잠재성(즉, 존재하지 않을 잠재성)이다."[38] 자기 자신의 실현을 유예하는 가능성이 바로 그 잠재성 개념에 내재해 있다.

약간의 모순이 없는 것은 아니지만 아리스토텔레스가 주저 없이 잠재성의 현존을 주장하였음에도 불구하고, 확실히 그는 *가능성* 영역을 *현실성*과 실재성의 영역에 종속시킨다. *현실성*은 개념과 실체 모두에 있어서 가능성에 선행한다. 왜냐하면 어른들은 필연적으로 아이들에 앞서고 사람은 그의 후손에 앞설 뿐만 아니라, 잠재성이 있는 모든 것은 현실성을 자신의 목적으로 삼아 나아가는 경향이 있기 때문이다. 이처럼 생명체들은 실제로 보기 위해서 시력이라는 가능성을 갖는 것이지, 그 반대가 아니다. 그리고 인간이 인식 능력을 가진 것은 알기 위해서지, 단지 인식 기능을 가졌기 때문이 아니다. 이런 이유에서, 아리스토텔레스는 한편으로, 만일 방해하는 것이 없을 경우 가능성은 자연스럽게 현실성으로 이행할 것이고, 반면에 필연적으로 존재하는 것들에 관해

---

[38] 같은 책, 1046 a 30-2.

서 가능성을 말하는 것은 무의미하다고 주장할 수 있었던 것이다.[39]

아리스토텔레스는 확률 개념은 몰랐으나, 4 원인설(질료인, 형상인, 운동인, 목적인)에 대한 자신의 이론과 관련해서 그는 우연(그는 오토마톤automaton과 티케tyche라는 단어를 사용함)에 대해 집중한다. 우연은 비-원인이자 우발적 원인으로, 통상 우리가 특정한 목적인 때문에 발생한 것처럼 보이는 사건들이 실제로는 우발적이고 예측하지 않은 방식으로 생겨났을 때를 가리킨다. 만일 빚을 받을 목적이 없이 우연히 어떤 특정한 장소에 간 사람이 때마침 거기에 있던 그의 채무자를 만나 빚을 회수하였을 경우, 우리는 그 빚의 회수가 우연에 의해서 이루어졌다고 말할 수 있을 것이다.[40]

말할 필요도 없이, 아리스텔레스는 우연이나 우발적인 것에 대한 학문이 있을 수 있다는 것을 배제한다: "우발적인 것에 대한 학문은 있을 수 없다. 왜냐하면 모든 학문은 항상 그렇거나 또는 대다수의 경우에 그렇게 있는 것을 대상으로 갖는데 반면에, 우발적인 것은 이 가운데 어느 것에도 속하지

---

[39] 같은 책, 1050 b 18.
[40] 아리스토텔레스, *Physica*, 197a.

않기 때문이다...... 우연[운]은 목적지향적 선택에 따라 생기는 것들 안에 있는 우발적 원인이다. 따라서 그런 이유 때문에 우연과 사유는 똑같은 작동 범위를 가진다. 왜냐하면 선택은 사유와 분리되지 않기 때문이다. 운運으로 일어난 일들이 발생하는 데에는 무한한 원인들이 있다: 그런 이유 때문에 운運은 인간의 추론에 비추어 볼 때 불가해하고 우발적인 원인이지만, [원인의] 절대적인 의미에서 보자면 그것은 어떤 것에도 속하지 않는다."[41]

만일 우리가 아리스토텔레스의 개념들로 확률을 정의하고자 한다면, 우리는 확률은 현실성에 대한 위계적 종속으로부터 해방된 잠재성이라고 말할 수 있을 것이다. 가능성이 현실적 실현으로부터 독립된 현존을 보장받을 경우, 그런 가능성은 실재성을 대체하는 경향이 있으며, 따라서 가능성은 우발적인 것의 학문(아리스토텔레스에게는 생각할 수 없었던 학문)의 대상이 되는 경향을 지닌다. 그런 학문은 가능성 그 자체를 실재적인 것을 인식하는 하나의 수단으로서가 아니라 그것을 지배[통제]하기 위해서 실재적인 것에 개입하는

---

[41] 아리스토텔레스, 『형이상학』, 조대호 옮김, 길 출판사, 2017, 1065a, 439~441쪽.

하나의 방편으로 간주한다. 확률은 인간 기술과 지식의 고유한 차원이기 때문에, 아리스토텔레스의 뒤나미스dynamis와의 유비는 여기서 더욱 두드러진다. 『영혼에 관하여』에서 아리스토텔레스는 지성을 "본성적으로 [모든 것이 될 수 있는] 잠재적인 존재"로 정의 내리면서, 그것을 아직 실제로 그 어떤 글자도 기입된 적이 없는 서판에 비교한다.[42] 근대 통계학과 양자 물리학에서 벌어진 것은 빈 서판(순수 가능성)이 실재성을 대체했다는 것이며, 이제 인식은 인식 자체만을 인식할 뿐이다. 중세 철학자가 제시한 아름다운 이미지에 따르면, 지성의 타불라 라사[빈 서판]tabula rasa 위에 부단히 써넣어지는 것은 실재성이 아니라, 사유의 잠재성 그 자체다('문자들이 서판에 저절로 쓰는 것처럼').[43]

---

[42] 아리스토텔레스, 『영혼에 대하여』, 유원기 역주, 궁리출판사, 2001, 430a 1, 10.

[43] [역주] "*빈 서판으로서의 잠재성*에 대한 아리스토텔레스의 이미지...... 서판이 문제가 아니라 그것을 덮고 있는 왁스 제제라는 Alexandre d'Aphrodisia의 설명은 [칸트의] 수용성의 자기-촉발 이미지로 이해되어야 한다.... 그 잠재성은 현실성으로 이행할 필요 없이 [그 자체로] 실재적이다. Albergus Magnus의 말에 따르면, '이것은 마치 글자가 [서판의] 왁스 위에 저절로 글이 써지는 것과 같다.'" Giorgio Agamben, *L'irrealizzabile*, Einaudi, 2022, 84쪽.

12. 이제 마요라나의 사라짐에 대한 동기의 문제로 되돌아 가보자. 우리는 마요라나가 물리학에 확률의 도입의 결과를 명확하게 간파했음을 앞서 검토한 마요라나의 글이 확실히 보여준다고 주장할 수 있겠다. 그리고 그가 지치지 않고 반복적으로 주장하는 것처럼 모든 심리적 해석을 우리가 배제할 필요가 있다면, 이때 사라지기로 한 그의 결단 의미는 어쨌든 이런 문제설정과 연관시켜야만 한다. 샤샤의 나름의 날카로운 해석이 지니는 한계는 마요라나가 물리학을 포기한 것이 물리학이 원자폭탄 개발로 이어진다는 것을 간파했기 때문이라고 우리가 가정할 경우, 이때 사라져서 수도원에 칩거하려던 그의 결단은 과학이 선택한 파국적 경로로 인한 낙담의 결과(샤샤는 '불안'과 '두려움'을 언급한다)로 보인다는 점이다. 그러나 이런 해석은 마요라나가 떨쳐버리기를 원했던 그런 심리적 차원 속에 그 결단을 위치시키는 것을 의미한다: 안토니오 카렐리Antonio Carrelli에게 보낸 편지에서 언급한 "입센의 여주인공"(헨리크 입센1828~1906의 희곡 『인형의 집』에서 자신의 도덕적 확신을 잃어 남편을 떠난 노라)처럼, 마요라나는 과학에 대한 그의 신뢰를 상실했기 때문에

물리학을 포기한 것이다.

반대로, 마요라나가 지속적으로 요구하였고, 그리고 "사라센인Saracen"(아말디Amaldi가 그를 친근하게 가리킨 말)의 "괴팍함"이나 "비정상성"과 관련한 물리학 연구소 동료들의 편향된 증언들에 맞서기 위해서, 우리가 의식적으로 마요라나의 사태가 "다르다"라는 것을 받아들인다면, 이때 그의 사라짐은 그것의 동기나 의미와 더불어, 사라짐 그 자체가 양자역학의 확률적 본성에 대한 결정적 반대를 담고 있어야만 한다. 마요라나가 페르미를 만났을 때, 페르미는 여전히 그의 이름으로 명명되고 있는 통계 모델에 대해 잘 알고 있었다는 것을 상기할 가치가 있다(입자들이 따르는 통계 모델에 의하면, 모든 입자는 보스-아인슈타인의 통계[1924년]를 따르는 보손들[44]과 페르미-디랙 통계[1926년]를 따르는 페르미온 입자들[45]로 나뉜다). 시몬 베유가 몇 년 후에 직감한 것

---

44) [역주] 보스-아인슈타인 통계를 따르는 정수 스핀의 입자. 빛알[광자] 등 힘을 매개하는 기본 입자인 게이지 보손, 짝수의 페르미온으로 이루어진 파이온 등의 중간자나 짝수의 핵자를 가진 핵이 있다. 『물리학 용어사전』, 한국물리학회편, 북스힐, 2013, 108쪽. 2001년에 보스-아인슈타인 통계는 그 실험적 관측으로 노벨물리학상을 받음.

45) [역주] 페르미온은 경입자류(전자·뮤온 등)와 중입자류(중성자, 양성

처럼, 우리가 어떤 계의 실제 상태 그 자체를 인식 불가능한 것으로 가정하자마자, 통계 모델들이 본질적이게 되며 [통계 모델이] 실재성을 대체할 수밖에 없다는 것을 마요라나는 즉시 깨달았다(우리가 인용한 그 논문에서 마요라나가 썼던 것처럼, "모든 측정의 결과는 원자계가 교란되기 이전의 미지의 상태보다는, 그 계가 실험하는 동안에 놓이게 되는 상태와 더 관련된 것으로 여겨진다.").

내가 제시하고자 하는 가설은 만일 양자역학이 확률에 의해 실재성이 퇴색돼야만 한다는 합의에 의거한다면, 그때 실재적인 것이 [확률] 계산의 포획을 피해서, 단호히 그 자체로 주장될 수 있는 유일한 방법은 바로 [마요라나 자신의] 사라짐 뿐이다. 마요라나는 현대 물리학의 확률론적 우주에서 그 자신의 인격을 실재적인 것의 지위에 대한 모범적인 상징으로 탈바꿈시켰으며, 그런 방식으로 절대적으로 실재적이면서 동시에 절대적으로 일어날 것 같지 않은 사건을 만들어냈다. 1938년 3월 그날 저녁 마요라나가 흔적도 없이 사라져,

---

자, 람다 입자 등), 홀수의 질량수를 갖는 핵자(삼중수소, 헬륨-3, 우라늄-233 등)를 갖는 입자를 포함한다. 페르미온은 에너지로부터 생성이 되며 이들은 항상 입자-반입자 쌍으로 소멸한다.

경험적으로 파악할 수 있는 그의 사라짐의 모든 흔적을 모호하게 하려고 결심했을 때, 마요라나는 여전히 해결되지 않은 질문 그리고 또한 불가피하게 답변을 기다리고 있는 질문을 과학에 제기한 것이다: *"실재란 무엇인가?"*

참고문헌

- Bohr, Niels, *Can Quantum-Mechanical Description of Physical Reality Be Considered Complete?*, in ≪Physical Review≫, October 15, 1935, vol. 48.
- Cardani, Hieronymi, *Opera omnia*, Lione, 1663, vol. I.
- De Broglie, Louis, *Nouvelles perspectives en microphysique*, Albin Michel, Paris, 1956.
- De Vineis, Paolo, *Modelli di rischio*, Einaudi, Torino 1990.
- Pascal, Blaise, *Les lettres de Blaise Pascal*, Cres, Paris, 1922.
- Pascal, Blaise, *Pensees et opuscules*, ed. L. Brunschvicg, Hachette, Paris, 1971.
- Poincare, Henry, *La science et l'hypothese*, Flammarion, Paris, 1902.
- Schrodinger, Erwin, *Die gegenwartige Situation in der Quantenmechanik*, in ≪Die Naturwissenschaften≫, 1935, 23.
- Sciascia, Leonardo, *La scomparsa di Majorana*, Adelphi, Milano, 2004 (1a ed. Einaudi, Torino, 1975).
- Weil, Simone, *Sur la science*, Gallimard, Paris, 1966.

저자의 요약

    자연에 대한 결정론적 구상은 그것이 우리 의식의 가장 확실한 데이터와 마주할 때 분명해지는 치명적인 모순에서 실질적인 약점의 원인을 자체적으로 내포하고 있다. 조르주 소렐G. Sorel은 *인공적 자연*과 (비인과적인) *자연적 자연* 사이의 구분을 가지고 이런 불일치를 해결하려 시도하였고, 그런 식으로 그는 과학의 통일성을 부정하였다. 반면에, 물리학의 통계 법칙과 사회과학들의 통계 법칙 사이의 형식적 유사성은 인간에 대한 사실들 또한 엄격한 결정론 하에 있다는 의견을 보증해주었다. 따라서 양자역학의 원리들이 (현상들을 기술하는 데 있어서 일정부분 객체성[대상성]의 결여와 더불어) 기초과정들에 있어서 기본 법칙들의 *통계적* 특성을 승인하는데 이르렀다는 점이 중요하다. 이런 결론은 물리학과 사회과학 사이의 유사성을 근본적인 것으로 만들어버렸다(그것들 사이에 가치와 방법의 동일성이 판명되었다).

물리학과 사회과학에서 통계 법칙의 가치[46]

에토레 마요라나

---

[46] 이 논문은 원래 마요라나가 사회학 저널에 기고한 것인데, 저자 자신이 출간을 포기하였다. 그의 사후, Giovanni Gentile jr에 의해서 Scientia, vol. 36 (1942) 58-66쪽에 실렸다. 여기 실린 마요라나의 글은 최근 몇 년간 마요라나의 출판 및 미발표 저술에 대한 이해에 가상 많이 기여한 물리학자 Erasmo Recami가 준비하고 수정한 버전이다(E. Recami, *Il caso Majorana: epistolario, documenti, testimonianze*, Mondadori, Milano 1987; nuova ed. De Renzi, Roma 2008).

물리학과 여타의 학문[과학]들 사이의 관계들(진짜 관계이거나, 상정한 관계 이거나)에 대한 연구는 근대에서 물리학이 과학적 사유의 일반적 방침에 행사해 온 특별한 영향력 때문에 늘 관심을 불러일으켜 왔다. 잘 알려졌다시피, [고전] 역학 법칙들은 오랫동안 자연에 대한 최종적인 인간 지식으로 여겨져 왔다. 또한 수많은 학자는 여타의 과학들의 불완전한 개념들도 결국에는 역학에서 관측된 개념들과 다시 연관될 수밖에 없다고 믿었다. 이와 같은 관념은 우리가 여기서 수행하려는 연구를 정당화한다.

1- 고전 물리학에서의 자연 개념

물리학에 대한 이례적인 신뢰는 소위 정확한 법칙의 발견으로부터 발생한다는 것은 명백하다. 이 법칙은 상대적으로 간단한 공식들(원래는 단편적이고 근사적인 경험적 예시로부터 시작해 고안된 공식들)로 이루어져 있으며, 그 법칙의 공식은 그 법칙이 새로운 현상의 질서에 적용되어 실험 기술의 점진적 향상이 점점 더 엄밀한 방식으로 그 법칙을 증명할 수 있을 때에 보편타당한 것으로 밝혀진다. 고전역학의 기본 개념에 따르면, 물체의 운동은 그 물체의 초기 조건(위치와 속도)과 물체에 가해지는 힘에 의해 *완벽히* 결정된다는 것은 누구에게나 잘 알려져 있다. 물리계에서 생길 수 있는 힘의 성질과 크기에 대해서, 일반적인 역학 법칙은 늘 검증되어져야만 하는 몇몇 조건 또는 한계만을 명시한다. 예를 들자면, 그와 같은 특성에는 작용과 반작용의 원리가 있다. 그 원리에 덧붙여, 보다 최근에는 탄성 반응들이나 제약된 시스템에 관련한 규칙과 같은 일반 규칙(가상 일의 원리 principle of virtual work[47]), 심지어 더 최근에는 일반적 역학 원리로 여겨지는 에너지 보전 원리와 열에 대한 역학적 해석 등이 일반적 규칙으로 추가되었다. 이런 일반적 예시들과는 별개로, 탐구 중인 물리계에서 작동하는 모든 힘에 대한 지식인 동역학의 원리를 효과적으로 적용하는데 필요한 모든 것을 사례별로 발견하는 것은 물리학의 특별한 임무이다.

그러나 한 가지 경우에서는, 물체들 사이에 생기는 힘에 대한 일반적 표현을 찾는 것이 가능했다: 이 경우는 물체가

---

[47] [역주] 물체계가 평형 상태에 있을 때, 가상변위만큼 물체가 이동할 때 각 힘의 가상일의 합은 0이다.

서로 독립되어 분리된 경우로서, 그 힘은 *원격에서만* 상호작용한다. 이 마지막 사례의 경우, 만일 우리가 19세기에 발견되었고 특정한 조건 아래서만 스스로를 드러내는 전자기력을 고려하지 않는다면, 작동하는 힘은 중력뿐이다(케플러 법칙의 수학적 분석으로부터 뉴턴에 의해 제시된 개념). 뉴턴 법칙은 천체 운동에 관한 연구에 전형적으로 적용되어질 수 있다(실제로 엄청난 빈 공간에 의해 분리된 천체들은 원격 작용을 통해서만 서로 간에 영향을 줄 수 있다). 알려진 것처럼, 이 법칙은 실제로 우리 행성계의 복잡한 동력학을 어느 측면에서건 놀랄만한 정확성으로 예측하는데 부족함이 없다. 한 가지 예외가 있다면, 수성의 근일점 이동뿐이다([수성 근일점 이동에 대한 해명은] 이십 세기 일반상대성 이론의 최대 실험적 증거 가운데 하나를 이루고 있다).

천문학에 적용된 역학의 놀라운 성공은 좀 더 복잡한 일상 경험의 현상 역시 결국에는 중력 법칙만큼 더 일반적인 비슷한 메커니즘[좀 더 일반성이 높은 법칙]으로 환원되어야만 한다는 가정이 자연스럽게 조성되었다.

*기계론적 자연 구상*을 만들어낸 이런 관점에 따르면, 우주

의 물질 전체는 확고한 법칙(주어진 순간의 우주 상태는 그 이전 순간의 우주 상태로부터 완전히 결정되는)에 따라 진화한다; 이는 미래가 현재 속에 함축되어있다는 사실을 나타낸다. 다른 말로 해보자면, 만일 우주의 현재 상태가 완벽하게 알려진다면, 미래는 절대적 확실성을 갖고 예측될 수 있다. 이런 완벽하게 결정론적인 자연 구상은 그것이 소개된 이래로 수많은 확인 작업이 이루어졌다; 전자기 법칙의 발견에서부터 상대성 이론에 이르기까지, 추가적인 물리학의 발전들은 고전역학 원리의 점진적 확장이 있었음을 시사하고 있다. 반면에, 물리학자들은 물리학에서 본질적인 지점인 완전한 [물리적] *인과성*을 단호하게 받아들였다. 과학의 장대한 근대적 발전(물리학에서 멀리 떨어진 분야들에서조차도)을 가능하게 만든 주요하고 거의 독점적인 공적이 결정론에 있다는 것은 의문의 여지가 없다. 하지만 인간의 자유에 그 어떤 여지도 남기지 않고, 모든 생명현상(그것들 속의 명백한 *목적론*)을 환상으로 여기도록 강요하는 결정론은 진정한 약점의 원인을 함축하고 있다; 우리 의식이라는 가장 확실한 근거와 직접적이면서 해결할 수 없는 모순을 야기하고 있다는 것이 바로 그것이다.

사실 최근 물리학에서 얼마나 효과이고 명확하게 결정론의 극복이 발생하였는지는 잠시 후 살펴볼 것이다; 사실 우리의 최종 목표는 전통적인 통계 법칙의 개념이 현시대의 물리학을 따라 새로운 방향의 결과로써 겪어야만 하는 혁신을 설명하는 것이다. 그러나 당분간 우리는 고전 물리학의 구상을 유지하고자 한다. 왜냐하면 이는 그것에 대한 커다란 역사적 관심뿐만 아니라, 고전 물리학이 그래도 전문가들을 넘어서서 넓게 알려진 유일한 물리학[사고방식]이기 때문이다.

도입 부분을 마무리하기에 앞서서, 우리는 최근에 결정론에 대한 비판 제기되고 있음을 지적하고자 한다. 철학적 대응은 그것이 적절했을 때에도 철학 영역을 넘어서 확장하지는 못했으며, 기본적으로 과학적 문제에는 손도 대지 못한 상태이다. 이런 과학적 문제 해결에 바쳐진 하나의 [철학적] 시도는 조르주 소렐의 작업에서 찾을 수 있다.[48] 소렐은 실용주의(프래그머티즘)나 다원주의라는 철학적 조류를 대변하는 이론가이다. 이 운동의 추종자들에 따르면, 자연 현상

---

48) G. Sorel, *De l'utilite du pragmatisme*, Cap. IV (Paris, 1921).

의 실질적인 이질성은 그것들에 대한 단일한 인식이 존재할 수 있다는 것을 배제한다. 각각의 과학적 원리는 보편적 타당성을 성취할 가능성은 없고, 다만 특정한 현상의 영역 내에서 적용되어질 수 있다. 조르주 소렐은 결정론은 그가 *인공적 자연*natura artificiale이라고 부른 현상에만 적용될 수 있다고 주장함으로써 결정론에 대한 비판을 개진한다. 이런 현상은 그것들이 (열역학 제 2법칙의 의미에서의) 현저한 에너지 *저하*가 있는 곳에서는 발생하지 않는다는 사실이 특징적이다. 종종 그런 현상은 단순 관측 소재를 이루는 천문학에서 자동적으로 발생하는 현상이다; 그러나 이런 현상들은 실험자에 의해 실험실에서 더 자주 탐구된다. 실험자는 가능한 모든 수동적 저항을 제거하는데 특별한 주의를 기울인다. 이것 이외의 현상들, 즉 일상적인 경험이나 *자연적 자연*natura naturale에 속하는 현상들, 수동적 저항이 있는 곳에서 발생하는 여타의 현상들은 정밀한 법칙들로 지배될 수 없으며, 오히려 그런 현상들은 광범위하게 우연에 의해 영향받을 것이다. 소렐은 명시적으로 G. B. 비코[1688~1744]의 형이상학석 원리를 사용한다. 우리는 우리가 속하지 않던 시대를 대변하였던 과학의 특정 측면에 부여된 자의적 강조를 여기에서 논의하고 싶지는 않다; 다만 여기서 우리는 과학 이론을 그것들의 실질적 유용성을 기반으로 판단하는 실용주의의 원리가 과학의 통일[통합]이라는 이상理想을 비난하려는 시도를 정당화하지 못한다는 점을 지적하고자 한다. 과학의 통일이라는 이상은 사상의 진보에 강력한 자극제로 작동했다.

2. 통계 법칙의 고전적 의미와 사회 통계학

역학에 따른 통계 법칙의 의미를 온전히 이해하기 위해서는, 고대인에게는 이미 친숙하였고 19세기 초반 존 돌턴John Dalton1766~1844에 의해 과학 분야로 들어온 물질의 구조에 대한 가설을 상기할 필요가 있다; 그는 근래에 발견된 화학의 일반 법칙에 대한 자연스러운 설명을 최초로 원자 가설 속에서 알아냈다. 물리학의 고유한 방법으로 명확히 확증된 근대 원자 이론에 따르면, [자연계에는] 단순 화학적 원소들과 동일한 만큼의 분할 불가능한 기초 입자들(*원자들*)의 종류가 존재한다; 같거나 다른 종류의 원자가 둘 또는 그 이상의 결합을 통해 *분자*들을 형성하며, 그 분자는 특정한 화학적 실체로 분리되어 독립적으로 현존할 수 있는 최종 입자이다. 개별 분자들은 (그리고 종종 분자들 속 원자들 또한) 고정된 위치에 있지 않고, 오히려 분자들은 자체적으로 매우 빠른 병진 운동과 회전 운동을 수행한다. 기체 분자 구조는 매우 간단하다. 실제로 단일 기체 분자들은 일반적인 조건들에서 어느 정도는 독립적으로 여겨질 수 있다. 분자들은 극히 제한된 그것들의 크기에 비해 분자들 사이의 상대적 거리는 매우 크다; 관성의 원리를 적용해보면, 분자들의 운동은 거의 대부분 직선적이고 균일하다는 결론이 나오며, 충돌이 발생하였을 때에만 속도와 방향에 있어서 순간적인 변화를 겪는다. 우리가 분자들의 상호 영향을 관장하는 법칙을 정확하게 안다고 가정하면, 일반적인 역학의 원리에 따라 우리가 일정한 시간 간격 이후에 그 계의 정확한 상태를 *원리적*으로 예측하기 위해서는 *추가적*으로 모든 분자의 위치와 그것들의 병진 속도와 회전 속도를 아는 것으로 충분하다고 예상할 것이다(그러나 이런 계산들은 너무 복잡하여 실제로 유효하게 실현되기는 어려울 것이다). 그러나 *통상적인* 관측 방법은 우리에게 계의 정확한 순간적 상태[조건]를 제공할 수 없다는 사실을 고려할 때(그것들은 단지 포괄적인 관측량만을 제공할 뿐이다), 역학에 고유한 결정론적 도식의 사용은 원리상 실질적인 제약을 받는다. 예를 들어, 특정량의 기체가 주어진 물리계를 생각해보면, 구체적인 측정 대상이라 할 수 있는 온도나 점도 계수 같은 여타의 변수를 결정하기 위해서는 기체의 압력이나 밀도를 아는 것으로도 충분하다. 다른 말로 하자면, 현 사례에 있어서 압력과 밀도의 값들은 *거시적 관점에서* 그 계의 상태를 온전히 결정하는데 충분하다(하지만 그 값들이 그 기체의 정확한 내부 구조, 즉 그 물리계를 구성하는 모든 분자의 위치와 속도의 분포를 매 순간마다 확정하기에는 분명히 충분하지 못하다).

어떤 한 계의 *거시상태 (A)*와 실제 상태 (a) 사이의 관계의 본질을 그 어떤 수학적 장치의 도움 없이 명확하고 간략하게 논의하기 위해서는, 우리가 본질적으로 사실들의 진짜 본질을 바꾸는 일은 피하면서 일정 정도의 정밀성을 희생할 필요가 있다. 따라서 우리는 관측된 *거시상태 (A)*가 수많은 실제상의 가능성인 $a, a', a''....$ 에 해당한다는 것을 이해할 필요가 있다. 우리의 관측으로는 그것들을 구분할 수 없다. 이 계의 내부에 있는 가능성들의 *수數* N은 고전 이론의 틀 내에서는 무한할 수 있지만, 양자 이론은 자연현상에 관한 기술에 있어서 본질적인 불연속성을 도입하였다. 따라서 양자 이론에 의거할 때 어떤 한 계의 구조 내부에 있는 가능성들의 *수數* N은 아무리 거대할지라도 유한하다. 그 *수數* N의 값은 그 계의 숨겨진 불확정성의 정도에 대한 척도를 제공한다; 그러나 실제로는 그 대수[로그]에 비례하는 양을 고찰하는 것이 더 바람직하다.

$$S = K \log N$$

여기서 K는 볼츠만 보편 상수로서, S가 이미 알려진 열역학의 기본적인 물리량*(엔트로피)*과 일치하도록 결정된 보편 상수이다. 사실 엔트로피는 에너지나 무게 등과 마찬가지로 중요한 물리량이다. 그런 이유는 엔트로피가 다른 물리량들과 같은 방식으로 더해지는 양이기 때문이다: 예를 들어, 여러 독립적인 부분들로 이루어진 어떤 계의 엔트로피는 각 단일 부분의 엔트로피 합과 같다. 이것을 증명하려면 한편으로, 합성된 계의 잠재적 가능성의 수는 그 계를 구성하는 부분에 상응하는 숫자의 곱과 같다는 것을 관측하는 것으로 충분하다; 다른 한편으로, 둘 이상의 수의 곱과 각각의 로그의 합 사이의 일치를 확립하는 잘 알려진 기본 규칙을 염두에 두자.

일반적으로, 거시적 상태 A 에 해당하는 내부 구성체들인 a', a'', a'''.... 의 앙상블[총체][49]을 결정하는 방법에 대해서는 어려움이 없다. 그렇지만 구별되는 가능성들인 a', a'', a'''.... 전부가 동등한 확률로 고려될 수 있는지는 논의할 수 있다.

이미 증명되었다고 폭넓게 믿어지고 있는 가설(에고르드적ergodic이거나 준準-에르고드적인 가설)에 따를 때, 한 계가 상태 A로 무한정 존속하는 경우 그 계는 구성체들인 a, a', a'''... 각각에서 동등한 양의 시간을 쓴다고 주장할 수 있다; 따라서 계의 모든 가능한 내부 규정성은 동등한 확률로 간주한다. 사실 이것은 새로운 가설이다. 왜냐하면 결코 무한정 같은 상태에 있지 않은 우주는 계속해서 변화의 지배를 받고 있기 때문이다. 따라서 우리는 특정한 물리적 조건에서 한

---

49) [역주] 통계역학에서, 어떤 계의 앙상블(ensemble)이란 그 계와 동등한 계의 모음을 말한다.

계의 모든 내부 상태들이 *선험적*으로 동등한 확률이라는 대단히 그럴듯한 작업가설(그 궁극적인 결과들은 종종 증명되지 못할 수도 있다)을 인정할 수 있을 것이다. 이 가설 하에서, 각 거시 상태 A 와 결부된 *통계적 앙상블*은 완벽하게 정의된다.

통계역학의 일반적 문제는 다음과 같이 요약될 수 있다: 어떤 한 계의 처음 상태 A 가 통계적으로 정의되었다고 가정해보자; 그렇다면 시점 t 에 그 계의 상태에 대해 어떤 예측들이 가능한가? 우선, 이 정의가 너무 한정된 듯 보이는데, 그 이유는 동태적인 문제 이외에 다른 *정태적* 문제들도 고려될 수 있기 때문이다; 예를 들어, 압력과 밀도가 알려진 기체의 온도는 얼마인가? 마찬가지로 이는 확실히 알려진 계의 특성들(그 계의 상태를 정의하기에 충분한)로부터 관심을 갖고 있는 물리량을 측정하고자 할 때의 모든 사례에 적용할 수 있다. 그러나 그 구별은 형식상 무시해도 별 지장이 없다; 그 이유는 그 계에 적절한 측정 도구를 통합하면 우리는 늘 그 이전의 사례[그 계의 처음 상태에 관해 정의된 사례]로 되돌아갈 수 있기 때문이다.

검토 중인 계의 처음 상태가 앞서 진술한 것처럼 동등한 확률로 있는 가능한 사례의 통계적 앙상블 $A=(a, a'', a'''...)$로 묘사된다고 가정해보자. 이 구체적 규정성들 각각은 우리가 인과 관계를 일반 역학 원리들에 따라 엄격히 취급해야만 하는 법칙에 의거해 [그 규정성들은] 시간이 지남에 따라 변화한다. 따라서 계는 일정한 시간이 경과한 이후에 $a, a', a''...$ 계열로부터 $b, b', b''...$ 라는 별개의 특정 계열로 이행한다; 원래의 앙상블 A 와 동일한 확률 요소 N개로 이루어진 통계적 앙상블 $(b, b', b''...)$은 그 계의 전개에 대한 모든 가능한 예측을 정의한다(리우빌 정리Liouville's theorem). 복잡한 수학적 분석만이 명확하게 할 수 있다는 이유로 인해서, 일반적으로 계열 $b, b', b''...$에 속하는 모든 단순 사례들은, *전체건 부분이건 간에 무의미한 수의 예외들은 제외하고*, 통계적 앙상블 A 와 마찬가지로 잘 규정된 거시적 상태로부터 정의된 새로운 통계적 앙상블 B 를 구성한다는 것이 밝혀진다. 그에 따라 우리는 계가 A 에서 B 로 이행해야 한다는 실질적인 확실성이 존재하는 *통계 법칙*을 주장할 수 있다. 위 논의에 따를 경우, 통계적 앙상블 B 는 적어도 통계적 앙상블 A 만큼 크며, 적어도 N 개 이상의 요소들의 수를 포함하고 있다; 따라서 B 의 엔트로피는 A 의 엔트로피와 같거나 그것보다 크다. 통계 법칙을 따르는 자발적인 변환이 있는 곳에서 엔트로피는 일정하게 유지되거나 증가하지, 절대 감소하지는 않는다: 이것이 그 유명한 열역학 두 번째 법칙의 통계적 기초이다.

실용적 관점에서 상태 A 에서 B 로의 이행이 확실한 것으로 여겨질 수 있다는 점은 주목해볼 가치가 있다; 이것은 역사적으로 통계 법칙이 본래 역학 법칙만큼이나 정확한 것으로 여겨져 왔으며, 나중에 그 이론적 탐구의 진전으로 인해서 통계 법칙의 참된 특성이 인정된 경위를 설명해준다. 통계 법칙은 물리학의 상당 부분을 포괄하고 있다. 가장 넓게 적용되는 사례로, 우리는 기체 상태 방정식, 열의 확산과 전도 이론, 점성과 삼투압 이론, 그 이외의 유사한 사례들을 언급할 수 있다.

플랑크 상수로 상징되는 불연속성을 물리학에 처음 도입한 통계적 복사이론은 특별히 언급될만하다. 게다가 열역학이라고 하는, 비록 직접적으로는 실험에 의존하고 있으나 그 원리들이 통계역학의 일반적 개념들과 관련되어 있다고 할 수 있는 물리학의 분야가 있다. 앞서 논의한 것에 기반해서, 우리는 고전 물리학 안에서 통계 법칙의 의미를 다음과 같이 요약할 수 있다:

(1) 자연현상들은 전적으로 결정론을 따른다.
(2) 어떤 계에 대한 *일상적인* 관측은 그 계의 내부 상태를 파악하도록 허용하지 않으며, 단지 거시적으로 구분할 수 없는 매우 큰 가능성들의 앙상블만을 파악할 수 있다.
(3) 여러 가능성들의 확률에 대한 타당한 가설을 정립하고 역학 법칙들이 유효하다고 가정하면, 확률 계산은 미래 현상들에 대한 확률적 예측을 가능하게 한다. 이제 우리는 고전역학에 의해 구축된 법칙들과 경험적 규칙성들(특별히 사회과학들에서 같은 이름[통계법칙]으로 알려진) 사이에 드러난 관련성을 검토할 준비가 되었다.

무엇보다도 먼저, 형식적 유사성이 이보다 더 클 수는 없다는 점을 깨달아야 한다. 예를 들어 "근대 유럽 사회에서 연간 혼인율이 1000명당 약 8명이다"라는 통계 법칙이 제시될 때, 조사된 계는 추가 정보의 조사(예를 들어, 조사하는 그 공동체를 구성하는 모든 개인의 생년월일)는 의도적으로 포기하고, 일부의 전반적인 특성들에 근거하여 정의되는 것이 분명하다. 일반적인 통계 법칙의 경우보다 더 정밀하고 정확성을 가지고 현상을 예측하는 데에는 이런 지식이 분명히 유용할 것이다; 이것은 기체의 상태를 모든 분자에서의 초기 조건들에 대한 조사를 의도적으로 포기하고, 단지 압력이나 부피를 사용해서 정의할 때와 별반 다르지 않다.

실질적인 차이는 물리학 통계 법칙의 명확한 수학적 성격과 사회적 통계 법칙의 경험적 성격 사이의 대조 속에서 사실상 발견될 수 있다; 그러나 사회통계학의 경험주의(경험주의라는 용어를 통해 우리는 *우연적 부분 이외*에도 통계 결과의 항상성의 결핍[지속적인 불규칙]을 지적하고자 한다)적 성격은 고찰된 현상들의 복잡성 때문이라고 보는 것이 더 적절하다. 따라서 사회통계학의 경험주의적 측면은 그 법칙들의 조건들이나 내용을 정확하게 정의하는 것이 가능하지 않다는 것을 함축한다. 반면에, 물리학 역시 그것이 응용적 관심에서 현상들을 연구할 때에는 경험적 법칙들을 지닌다. 예를 들어 고체들 사이 마찰 법칙이나, 또는 여러 유형의 철이나 그 비슷한 물질의 자기적 특성에 관한 법칙이 있다. 마지막으로, 측정 방법의 차이를 특별히 중요하게 제시할 수 있다. 물리학의 경우에 측정 방법은 포괄적이다(예를 들어, 실제로 기체의 압력은 개별 분자들이 벽면으로 전달하는 독립된 자극들의 총합으로부터 발생함에도 불구하고, 기체의 압력을 알기 위해서는 측정 도구를 읽기만 하는 것으로 충분하다). 반면에 사회통계학에서는 [포괄적이지 않고] 개별적 사실들이 기록된다; 그렇지만 여러 간접적인 측정[발견] 방법의 가능성에 의해 입증되는 것과 같이 이런 차이는 절대적인 대립이 아니다. 물리학의 통계 법칙과 사회과학의 통계 법칙 사이의 실질적인 유비성의 현존을 주장하는 논거를 인정함으로써, 우리는 논리적으로 물리 통계 법칙이 엄격한 결정론을 함축하는 바와 같이, 절대적 결정론이 인간적인 사실들을 관장[지배]한다는 것의 가장 직접적인 증거가 바로 사회 통계 법칙이라는 그럴듯한 가정이 유도된다; 앞서 이야기했듯이 이런 주장은 고전 물리학의 인과성을 보편적 가치의 모델로 바라보는 경향이 여러 독자적인 이유로부터 나타났기 때문에 훨씬 더 행운을 누리고 있는 주장이다. 우리가 여기서 오래되고 결론 나지 않은 논의를 다시 끄집어내는 것이 적절치 않을 수도 있다. 하지만 우리는 일반적으로 인정된 사실, 즉 자연에 대해 대립하는 직관들 사이의 화해의 부재不在가 오랫동안 근대 사유와 도덕 가치들 속에서 무거운 부담으로 작동해왔다는 사실을 상기하고 싶다. 따라서 물리학이 최근에 결정적인 방식으로 고전역학의 절대적 결정론을 거부함으로써 물리학의 전통적인 방침을 포기하도록 압박받았다는 소식이 그저 과학적 호기심으로 받아들여져서는 안 된다.

3. 물리학의 새로운 개념들

양자역학의 수학적 도식과 실험 내용을 몇 줄로 완벽하게 설명하는 것은 불가능하다.[50] 따라서 우리는 몇몇 간단한 내용만으로 우리의 서술을 한정할 것이다. 빛의 파동설을 명백하게 지지하는 오랫동안 알려진 실험적 사실(간섭 현상)

---

50) 수학적 장애물을 피하면서 이 문제를 보다 깊게 인식하고 싶은 독자는 아래의 책의 도움을 받을 수 있다: W. Heisenberg, *Die Physikalischen Prinzipien der Quantentheorie*, Lipsia, 1930.

이 있다. 이와는 반대로, 최근에 발견된 사실(콤프턴 효과)[51] 역시 결정적으로 [파동설과는] 정반대의 빛의 입자설을 시사하고 있다. 고전 물리학 내에서 이런 모순을 해결하려는 모든 시도는 실패하였다: 이런 실패가 놀라운 것이 아닐수도 있다. 그런 설명할 수 없는 사실들, 마찬가지로 설명 불가능한 가장 상이한 성질의 사실들, 그리고 물리학자들에게 알려졌거나 지금까지 불충분하게 이해되어온 *거의* 모든 현상이 고유하면서도 놀랍도록 단순한 설명으로 최근에서야 해명되었다: 양자역학의 원리들에 포함되어있는 것이 이런 해명이다. 이 놀라운 이론은 여타의 다른 이론이 해온 것만큼이나 확고한 실험에 기초해 있다; 양자역학이 받아왔고, 아직도 받고 있는 비판은 현상의 유효한 예측에 대한 양자역학 사용의 적합성과 관련이 있는 것이 아니라, 그런 새로운 [이론적] 방향이 유지되어야 하며 어쩌면 미래의 물리학의 발전에 있어서 더욱 강화되어야 한다는 평판과 관련된 비판이다. 고전역학과 비교되는 양자역학의 몇몇 특징적인 측면들은 아래와 같다:

---

[51] [역주] 아서 H. 콤프턴은 1922년 X선이 전자와 충돌할 때 마치 입자와 같은 성질을 보인다는 것을 확인했다.

a - 자연에 숙명적인 일련의 현상을 표현하는 법칙이란 없다; 심지어 가장 기초적 현상(원자계)을 관장하는 기본 법칙조차 통계적 특성을 지니고 있다. 그 법칙은 정해진 방식으로 준비된 계에서 수행된 측정이 특정 결과를 산출할 *확률 설정*만을 허용한다. 이는 우리가 가능한 최고의 정확도를 가지고 그 계의 처음 상태를 규정하기 위해 사용되는 수단과는 별개로 발생한다. 이런 통계 법칙은 결정론의 실제적인 결함을 나타낸다. 또한 이런 통계 법칙은 고전 통계 법칙과는 아무런 공통점이 없다: [고전적 통계 법칙에서의] 결과의 불확실성의 이유는 실용적인 이유에서 물리계의 초기 조건을 그것들의 가장 미세한 부분까지 탐구하기를 자발적으로 단념하기 때문이기에, 고전 통계 법칙과 이런 통계 법칙 사이에는 아무런 공통점이 없다. 다음으로 우리는 이런 새로운 종류의 자연법칙의 가장 잘 알려진 사례를 살펴볼 것이다.

b - 현상들에 대한 기술記述에 있어서 *객관성/객체성/*이 확실히 부재한다. 원자계에 대해 수행되는 모든 실험은 원리상 제거되거나 해소될 수 없는 어떤 한정된 교란을 원자계에

가한다. 따라서 모든 측정의 결과는 그 원자계가 교란되기 이전의 미지의 상태보다는, 그 계가 실험하는 동안에 놓이게 되는 상태와 더 관련된 것으로 여겨진다. 양자역학의 이런 측면은 우리의 통상적인 직관들과 동떨어졌다는 점에서 결정론의 단순 결여보다 훨씬 더 걱정스럽다는 것은 의심할 여지가 없다.

기본 현상에 관한 확률법칙 가운데서, 방사능 [붕괴]과정을 지배하는 법칙은 오랜 시간에 걸쳐 알려져 왔다. 모든 방사성 물질의 각 원자는 α 입자(헬륨의 핵)나 β 입자(전자) 방출 이후 시간 간격(dt)에 따라 자체적으로 변환할 확률(*mdt*)을 갖는다. *붕괴율* m은 원자의 나이와는 무관하게 일정하다. 이것은 생존곡선에 특정 형태(지수곡선)를 부여한다; 평균수명은 1/m이며, 종종 *변환 기간[핵붕괴 기간]*이라고 불리는 확률적 수명도 기본적인 방식으로 결정할 수 있다. 평균적 수명과 확률적 수명 모두 원자의 나이와는 무관하다. 시간이 흐름에 따른 실질적 노화의 그 어떤 징후도 원자에게서는 볼 수 없다. 방사성 물질 속에서 발생하는 각각의 변환에 대한 관측과 자동 기록을 하는 몇 가지 방법들이 존재한다. 그렇기에 변환의 순간과 관련해서 각각의 방사성 원소들이 그 어떤 상호적 영향이나 외부적인 영향도 받지 않는다는 것을 직접적인 통계적 측정과 확률 계산의 적용을 통해 검증하는 것이 가능해졌다; 실제로 정해진 시간 간격 속에서 발생하는 붕괴 횟수는 오직 무작위적 요동들, 즉 개별 변환 법칙의 확률적 특성에 따라 주어진다.

양자역학은 방사성 변환의 지수 법칙에서, 단순한 인과적 매커니즘으로 환원할 수 없는 기본 법칙을 간파하도록 가르쳐주었다. 물론 고전역학에서 알려진 *복잡계*와 관계된 통계 법칙들의 유효성은 양자역학에서도 유지된다. 또한 양자역학은 물리계의 성질에 따라 두 개의 다른 방식들로 내부의 배열을 위한 결정 규칙을 수정함으로써 각각 보스-아인슈타인 통계 이론과 페르미의 통계 이론을 낳게 되었다. 그러나 통상적인 통계 법칙 아래 가려져 있었으며, [기존의] 가정된 결정론을 대체하는 새로운 종류의 통계 법칙(간단히, 확률론적 법칙)을 물리학으로 도입하는 것은 앞서 정립한 통계적 사회 법칙과의 유비의 기반을 다시 검토할 것을 강제한다. 사회 법칙의 통계적 성격이 적어도 부분적으로는 현상의 조건들이 정의되는 방식으로부터 기인한다는 것은 부인할 수 없다: 바로 일반적인 방식, 즉 더 엄밀히 말하자면 서로 다른 구체적 가능성들의 무한한 총체를 허용하는 통계적 방식이다. 다른 한편으로, 앞서 방사성 원자의 *붕괴표*에 대해 언급한 것을 상기한다면, 우리는 여기에서도 [붕괴표와] 어느 정도 비슷한 언어로 묘사된 사회적 사실들과의 실제적 유사성이 존재하는 것은 아닌지 자문하게 된다.

언뜻 보기에는, 무언가가 그 실제적 유사성을 배제하는 듯 보인다. 원자의 붕괴는 수천 년 심지어 수십억 년을 기다린 이후에 갑자기 그리고 고립되어 발생하는 예측 불가능한 단순 사실이다; 반면 사회 통계학으로부터 기록된 사실들에서는 그와 유사한 어떤 것도 발생하지 않는다. 그러나 이런 반론은 극복 불가능한 이견은 아니다.

방사성 원자의 붕괴는 자동계수기가 적절한 증폭 덕분에 가능해진 기계적 효과를 가지고 그 붕괴를 감지하도록 하면 된다. 따라서 어떤 단일 방사성 원소의 우연한 붕괴에 의해 *제어되는* 복잡하고 눈에 띄는 연쇄 현상들을 준비하는 것은 보통의 실험실 장치들로도 충분하다. 엄밀한 과학의 관점에서, 인간 사건의 기원에서도 마찬가지로 단순하고 비가시적이며, 예측할 수 없는 중대한 사실이 발견되는 것이 타당하다고 생각하는 것을 방해하는 것은 아무것도 없다. 만일 이것이 우리가 믿는 바와 같이 그렇다면, 이때 사회과학의 통계 법칙은 그 기능이 커진다. 그 기능은 수많은 미지의 원인의 결과를 경험적으로 확립하는 기능일 뿐만 아니라, 무엇보다도 실재성의 직접적이고 구체적인 증거를 제공하는 기능이기도 하다. 이런 증거에 대한 해석은 통제[통치] 기술 가운데 중요한 보조 수단인 어떤 특별한 기술을 요구한다.

옮긴이의 독서노트

실현 패러다임 비판과 실재

"오늘날 많은 사람이, 심지어 전문가라는 과학자들마저도 나무 수천 그루는 보았어도 숲은 전혀 본 적이 없는 이들처럼 보입니다. 역사적이고 철학적인 배경지식은 대부분의 과학자가 처해 있는 시대적 편견을 배격하는 일종의 독립성을 심어줍니다. 제 생각에는 철학적 통찰에 근거한 독립성이야말로 단순한 기능인이나 전문가가 아닌 진정한 진리 추구자로서 분별되는 징표입니다."[1] - 알베르트 아인슈타인

---

1) 애덤 베커, 『실재란 무엇인가』, 승산, 2022, 386쪽에서 재인용(Albert Einstein to Robert A. Thornton, 7 December 1944, EA 61-574).

"서양 역사에서 중요한 순간은 철학이 과학을 더 이상 통제할 수 없다는 것을 깨달았을 때이다. 왜냐하면 과학은 철학으로부터 스스로를 해방시켰기 때문이다. 이는 칸트에게서 가장 분명하게 나타난다. 칸트의 철학은 모든 경험에 한계를 설정할 수 있는 지식의 교의가 되는 것을 목표로, 과학과의 관계를 유지하려한 마지막 시도였다. 나는 오늘날 철학의 작업이 그와 유사한 것들이라고 생각하지 않는다. 사유와 과학 사이의 관계는 지식의 층위에서 작동하지 않는다. 철학은 과학이 아니며, 철학은 지식의 교의로 해소될 수 없다. 사실 과학은 철학이 전혀 필요치 않음을 보여주었다. 철학은 항상 윤리에 대한 것이다. 철학은 늘 삶의 형태를 함축하고 있다. 이는 모든 인간 존재들에게 해당하며, 따라서 인간임을 포기하고 싶지 않는 모든 과학자들에게도 해당된다. 물론 과학자들은 과학의 이익을 위해서 부도덕하게 윤리를 희생할 준비가 되어 있다는 것을 보여주었다. 그렇지 않았다면 우리는 나찌 수용소 수감자들에 대해 실험하는 저명한 과학자들을 볼 수 없었을 것이다. 나는 과학에 이제 막 첫발을 내딛는 젊은 과학자들이 알고자 하는 자신의 의지에 윤리적 원칙을 결코 희생시키지 말라고 전하고 싶다....... 나는 오랫동안 믿어왔던 것처럼 권력 장악을 위한 투쟁을 통해서만 오늘날의 출구를 통과할 수 있다는 것을 믿지 않는다는 점을 덧붙이고 싶다. 선한 권력은 없으며, 따라서 선한 국가 역시 없다. 우리는 부당하고 거짓된 사회 속에서 정의와 진실의 현전을 증명할 수 있을 뿐이다. 우리는 지옥의 복판에서 천국을 증언할 수 있을 뿐이다."

- 조르조 아감벤, 인터뷰 "과학은 어디로 가는가?"- 2021,2,17

본서에서 아감벤은 마요라나의 '사라짐'에 대해 해석하면서 존재론적이면서도 정치적인 가설을 제출한다. 그 가설에 의하면 서양의 문명을 진척시킨 존재론적 기계는 아리스토텔레스로부터 출발해 양자역학에서 완성된 형이상학 역사의 완성, 즉 존재물의 완전한 객체화를 추구하거나 존재를 끊임없는 실현의 과정으로 파악하는 존재론을 지향하였고 이는 근대에 들어와 하나의 패러다임으로 작동하였다. 에토레 마요라나는 양자역학에서도 구현되고 있는 이 패러다임에 대한 저항의 몸짓으로 스스로 사라짐이라는 존재론적(정치적) 선택을 하게 된다. 아감벤에게 있어서 양자역학의 '가능적인 것(확률적인 것)' 역시 '존재'의 한 속성이지만, 이 '가능적인 것'이 여전히 실현의 패러다임에 사로잡혀 있기에 그는 '가능적인 것의 존재론'에 대한 비판적 평가를 통해 새로운 구상을 시도한다. 그 새로운 구상이라는 것은 바로 존재론적 기계 장치에 의해 분리된 '가능적인 것'과 '실재적인 것'의 새로운 절합, 새로운 작동법을 구상해보는 것이다. 우리는 그런 시도를 통해 아감벤의 '비잠재성의 존재론'이 마요라나의 '사

라짐'에 대한 해석을 통해 확장되고 있음을 살펴보려 한다.[2]

I - '가능적인 것'의 존재론: 확률과 실재성

근대에 들어와 자연의 측량사라고 할 수 있는 물리학자는 '실재(성)'에 대한 경계를 끊임없이 흔들고 있다.[3] 그 존재(실재)에 대한 경계 설정(분리)을 통해 근대 과학이 놀라운 발전을 이룩하였고, 20세기 초 구축된 양자역학 또한 그 경계 설정을 더욱 뒤흔들면서 놀라운 세상을 만들어내고 있다. 아감벤은 양자역학에 대해 다음과 같은 주장을 하고 있다.

---

[2] Rita Šerpytytė, The Problem of Reality and Modal Ontology, *Open Philosophy*, 2020; 3: 517-526쪽.

[3] 아감벤은 한 저서에서 카프카의 "측량사가 뒤흔들고자 하는 것은 바로 이 인간들 사이, 그리고 인간과 신 사이에 세워져 있는 경계와 분리, 그리고 장벽..... [카프카의 K는] 상층부와 하층부, 성과 마을, 신전과 집, 신성과 인간을 분리시키는 (동시에 함께 묶는) 경계와 구역을 무위로 만드는 '새로운 측량기사'"(아감벤, 『벌거벗음』, 김영훈 옮김, 인간사랑 2014, 61~62쪽)라고 말한다. 반면 근대의 존재론적, 인식론적 측량기사라 할 수 있는 양자역학은 '존재'의 경계와 구역을 무위로 만드는 대신에 그 '가능성'과 '실재성'의 경계(분리)를 이동시키고 있다.

"고전 역학적 결정론을 포기하고, 실재성에 대해 순전히 확률론적 구상... 확률이 역설적인 방식(예를 들어, 마치 한 입자가 동시에 상태 A와 상태 B로 있는 것처럼) 속에서만 사유될 수 있는 매우 특별한 종류의 실재una realtà인 것처럼 주장하는 듯하다... 근대 통계학과 양자 물리학에서 벌어진 것은 빈 서판(순수가능성)이 실재성을 대체했다는 것이며..... 내가 제시하는 가설은 양자역학이 확률에 의해 실재성이 퇴색돼야만 한다는 합의에 의거한다면, 그때 실재적인 것이 [확률] 계산의 포획을 피해서, 단호히 그 자체로 주장될 수 있는 유일한 방법은 바로 [마요라나 자신의] 사라짐 뿐이다...." (아감벤, 『실재란 무엇인가』, 2025, 46, 67쪽)

"본질과 현존, 잠재성과 현실성, 가능성과 실재성은 서양의 존재론적 기계의 양면이자 두 부분이다.... 사물의 분리와 그것이 함축하는 실현 패러다임에 대한 비판 없이는 형이상학으로부터의 탈출이 불가능하다는 것을 의미하기도 한다. 양자 물리학에서 실재성의 통계적 일관성은 [실재성] 그 자체는 결정론적으로 알 수 없으며 항상 실험을 통해 '실현'되어야 함을 의미한다. 실재(성) 그 자체는 없다. 실재성은 단지 확률의 '실현'일 뿐이며 이러한 실현은 연구자의 개입을 통해서만 이루어질 수 있다." [4]

 '존재(실재)'를 가능성(잠재성)과 실재성(현실성)으로의 분리하는 서양의 존재론적 기계 장치가 양자역학에서도 여전히 작동하고 있는데, 아감벤에 의하면 아리스토텔레스에 의해 시작된 '존재'의 '분리'와 '현실성에 종속된 잠재성'은 근대 양자역학에 이루어진 확률론적(통계적) 전환을 통해서 '실재성'으로부터 해방된 '가능성'을 구상하게 되었다. 그러나 그 '해방된 가능성[확률]'을 다루는 양자역학은 '실재적인 것'을 인식하는 하나의 수단이 아니라, 실재성을 확률('가능성')의 실현으로 대체함으로써, 가능성은 이제 실재적인 것을 통제하기 위해 실재적인 것에 개입하는 방편이 되었다. 아감벤의 이런 주장에는 양자역학 성립 초기에 이루어진 마요라나와 시몬 베유의 견해가 반영되어 있다. 양자역학이 안고 있는 문세의 중심에는 '확률' 개념이 있기에 우리는 통상적으로 물

---

[4] Giorgio Agamben, *L'irrealizzabile*. Einaudi, 2022. 59~60쪽

리학, 더 구체적으로는 양자역학에 도입된 '확률'에 대한 이해와 아감벤의 '확률'에 대한 이해를 비교해 봄으로써 아감벤의 문제의식을 더 구체화해 보려 한다.

❶ 양자역학의 확률

고전역학과 마찬가지로 양자역학 역시 자연의 대상을 관측하는 데 있어 어떤 값이 나올지 예측하는데 필요한 계산 도구인데, 역사적으로 양자역학에서 확률의 도입은 '파동함수(상태 함수)'에 대한 정통 해석(보른 해석)이 결정적이라고 할 수 있다.[5] 잘 알려졌다시피 막스 보른이 제시한 파동함수의 확률론적 해석은 파동함수의 절댓값의 제곱($|\psi|^2$)이

---

5) 김재영은 '확률' 개념이 지니는 의의를 다음과 같이 말하고 있다: "양자역학에서 보른의 확률해석이 표준으로 받아들이게 됨에 따라 이제 양자역학에 담겨 있는 세계 인식에 대한 함의들에 대해 말할 책임은 확률 개념에 떠넘겨졌다. 결국 양자역학의 인식론적 함의를 이해하기 위해서 가장 중요한 관문 중 하나가 확률의 도입이 지니는 인식론적 함의이다." 김재영, 「칼 포퍼의 〈탐구의 논리〉와 양자역학의 성향 해석」, 『철학, 사상, 문화』 36호, 2021년, 10쪽. 김재영, 「막스 보른의 양자역학과 그 해석」, 『물리학과 첨단기술』 33(9), 2024, 36-39쪽. 김재영, 「성향 해석과 양자이론의 존재론적 기초」, 2023년도 과학철학회 발표글.

입자가 특정 위치에서 있을 확률을 나타낸다고 말하고 있다. 양자역학은 물리계의 실제 상태 그 자체를 인식(서술)할 수 없고, 확률적으로만 인식할 수 있다.[6]

철학자 미셸 비트볼은 양자역학은 확률 계산을 이용한 단순 물리 이론이 아니라, '일반화된 확률 이론'이라고 말한다.[7] 역사적으로 확률은 로크(갈릴레오, 데카르트, 로버트 보일)에게서 유래한 '제1 성질', '제2 성질' 개념의 구분과 각각 성질의 정교화를 통해 발달한 과학 분야 가운데 '제2 성질'의 보편화, 일반화를 추구한 과학(소위 열등한 과학인 의학이나 화학)에서 구축되었다.[8] 그렇게 근대 과학에 도입

---

[6] "양자역학으로 원자 한 개의 거동을 정확하게 서술하는 것은 불가능하며, 통계적인 거동만 서술할 수 있다. 즉, '하나의 원자가 특정 시간, 특정 위치에서 발견될 확률'만 알 수 있게 되는 것이다. 그러므로 양자역학을 수용한다는 것은 정확한 미래 예측을 포기한다는 뜻이다." 리 스몰린, 『아인슈타인처럼 양자역학하기』, 감영사, 2021, 61쪽.

[7] Michel Bitbol, Quantum Mechanics as Generalised Theory of Probabilities, *Collapse Volume VIII*, 923-958.

[8] 양자역학은 고전적 관념이라 할 수 있는 측정 도구와의 상호작용에 앞서 (속성들을 지녔다고) 가정된 존재자 범주, 즉 측정 이전의 속성들(제1 성질)은 상호작용 값을 제거함으로 확보할 수 있다는 고전

된 '확률'에 대한 이해는 통상적으로 주관주의적 입장과 객관주의적 입장으로 나눠진다; [9] 구분에 따라서는 존재 확률과 인식 확률, 객관 확률(객관 값)과 주관 확률(주관 값)로도 구분한다. 더 나아가 양자역학에서 파동함수 Ψ에 대한 해석을 두고서도 객관 확률, 주관 확률, 물리적 성향 확률[객관 확률의 또 다른 형태] 등으로 분류하기도 한다. [10] '확률'에 대한

적 관념에 기초한 존재자 범주에 대해 부정적이다. 따라서 상호작용에 선행하는 제1 성질. 제2 성질은 없다는 관계론적 해석이 지배적이다. 반면 상관주의를 비판하는 철학자 퀑땡 메이야수는 제1 성질과 제2 성질 이론을 논의의 복권을 주장한다: "제1 성질과 제2 성질의 이론은 복구할 수 없을 정도로 시효를 상실한 철학적 과거에 속하는 것처럼 보인다. 지금이 그것을 복권해야 할 때이다." 퀑땡 메이야수, 『유한성 이후』. 정지은 옮김, 도서출판 비, 2010, 11쪽.

[9] Karim Bschir, 「Potentiality in Natural Philosophy」, 『Physic & Speculative Philosophy: Potentiality in Modern Science』, Edited by: Timothy E. Eastman , Michael Epperson and David Ray Griffin, 2016, De Gruyter. 5쪽.

[10] 김명석, 『확률』, 학아재. 2024. 275~321쪽. 리 스몰린, 『아인슈타인처럼 양자역학하기』, 박병철 옮김, 감영사, 2021, 221쪽~225쪽. 한스 크리스천 폰 베이어, 『큐비즘이 슈뢰딩거의 고양이를 구하다』, 이덕주 옮김, 동아엠앤비, 2016, 87~111쪽.

칼 포퍼, 「성향, 확률 그리고 양자이론」, 『포퍼 선집』, 이한구 옮김, 철학과 현실사, 2018, 250~258쪽.

주관주의적 입장은 확률적 진술을 우리 인식의 결핍(정보 부족)에 대한 측정으로 이해한다. 반면 확률의 객관주의적 입장에서 확률적 진술은 세계의 객관적 사실들을 가리키는 진리-값을 가진 진술이다. 이런 확률 구분에 의거해서 김명석은 양자역학을 다음과 같이 정의한다:

"양자역학은 양자 사건의 일어남직함[객관 확률]을 하나의 물리량으로 다룬다… 양자역학에서 사건이란 불확정 상태에 있던 물리계가 측정 과정을 거쳐 또렷한 측정값을 드러내는 일… 양자역학은 경험으로는 포착할 수 없는 미실현된 개별 사건11)을 다루는 동역학 이론이다. 고전역학의 동역학 법칙은 물리 속성이 무슨 값으로 예화될지 시시각각 결정한다. 반면 양자역학의 동역학 법칙은 아직 일어나지 않은 물리 사건의 객관 확률을 시시각각 결정한다. 이 점에서 양자역학은 물리 사건의

---

11) "가능성이 현실적 실현realizzazione으로부터 독립된 현존을 보장 받을 경우, 그런 가능성은 실재성을 내재하는 경향이 있으며, 따라서 가능성은 우발적인 것의 학문(아리스토텔레스에게는 생각할 수 없었던 학문[양자역학])의 대상이 되는 경향을 지닌다." 조르조 아감벤, 『실재란 무엇인가』, 논밭출판사, 2025. 63쪽.

객관 확률을 하나의 물리량으로 여기는 셈이다."[12]

여기서 확률을 하나의 '물리량'으로 다룬다는 것은 확률을 일종의 '실재'로 여기는 것이다. 하이젠베르크 역시 확률을 그런 특별한 종류의 '실재'로 인식하였다.

"양자역학적 확률은 '새로운 종류의 객관적인 물리적 실재'이다. 이 확률 개념은 아리스토텔레스 같은 고대 자연철학 개념과 매우 밀접히 연결되어 있다: 어떤 면으로, 그것은 잠재성 potentia이라는 개념을 질적인 관념에서 양적인 관념으로 변형한 것이다.... 잠재성은 한 사건의 관념과 현실적 사건 사이에 있는 사물들이자, 가능성과 실재성 사이에 있는 낯선 종류의 물리적 실재이다."[13]

이렇게 확률을 실재로 여기는 해석이 있는 반면, '확률'에

---

12) 김명석, 『확률』, 학아재. 2024. 275~295쪽.

13) R. E. Kastner, Stuart Kauffman, Michael Epperson, Taking Heisenberg's Potentia Seriously, *International Journal of Quantum Foundations 4* (2018), 159쪽에서 재인용함.

대한 주관주의적 해석은 현실성(실재성)에 드러난 것만을 실재적인 것으로 서술할 수 있다고 본다. 그런 주관주의적 해석은 양자역학의 확률함수(양자 대상의 상태함수)를 '대상이 지닌 실재의 일부가 아니며... 다른 형태의 실재가 있을 수 있음을 거부하는 입장'(장회익, 2022, 278쪽)인 것이다. 그러나 객관주의적 해석은 '잠재성(가능적인 것)'과 '현실성(실재적인 것)' 둘 다를 존재의 요소로 봄으로써 존재(실재)의 확장을 추구한다. 이처럼 양자계의 상태에 대한 존재론적 물음에 있어서 잠재성과 현실성을 존재의 동등한 구성요소로 보는 해석은 주로 실재론적 양상 해석론자들이다(Karim Bschir, 22쪽). [14] 양상 해석론자들은 '가능적인 것(잠재성)'

---

[14] 다음 글도 참조: Christian de Ronde, *Immanent Powers versus Causal Powers (Propensities, Latencies and Dispositions) in Quantum Mechanics* : "'양자 역학에서, '성향적dispositional 속성'들을 '본래적으로 무규정적인 속성들'(측정 전에는 객관적으로나 실제적으로나 '무규정적인', 즉 측정 이전의 보유 값이 없는)로 대체하는 것은 자연스러워 보인다. 따라서 성향적인 것에서 비-성향적인 것으로의 이행은 측정 상호작용들로 인해서 관련 속성들의 무규정적인 것으로부터 규정적인 것으로의 이행이라 할 수 있다(M, Dorato).' 여기서 우리는 아리스토텔레스의 형이상학(인과성의 관점에서 인식된 그의 잠재성-현실성)과 인과적 능력들의 관점에서

과 '실재적인 것(현실성)'을 모두 실재의 요소로 이해하며 '가능적인 것'에서 '실재적인 것'으로의 현실화를 흔히 양자역학에서 말하는 측정(과정)이라고 말한다.

§ 우리는 여기서 '실현realization' 개념과 '현실화actualization' 개념을 구분하고자 하며, 이 구분을 양자 층위에서의 측정 과정 논의에 한정해서 사용하고자 한다. 가능성과 실재성 사이의 관계를 인간 개입을 통해 설명하는 개념을 '실현'으로 하고, 가능성과 실재성 사이의 관계를 인간 개입 없이 설명하는 것을 '현실화'로 사용한다(우리는 이 현실화 개념을 알랭 바디우가 제시한 '출현' 개념으로 이해할 수도 있다. 그리고 바디우에게 출현의 논리가 작동하는 현상계의 논리는 강도들intensities의 논리를 갖는 세계로 주체-없이(초월적 연산자) 이루어지는 세계로서, 현상에 출현(현실화)의 일관성을 부여하는 것은 주체가 아니다. 또한 바디우에게 '출현(현실화)' 논리는 들뢰즈 '출현' 논리와 다르게 '잠재적인 것the Virtual'에 그 뿌리를 두고 이행하는 논리가 아니다. 바디우에게는 들뢰즈처럼 대상이 되기 위

양자역학을 이해하고자 발전시킨 양자역학에 대한 '성향 해석' 사이의 직접적인 연관을 읽을 수 있다."

해 스스로 현실화하는 잠재성virtuality의 층위는 없다. 그에게 '출현(현실화)'은 존재/현존의 사이의 '이행'이 아니라, 존재/현존의 '융합'이다; 현존은 새로운 일관성으로 존재에 영향을 미친다.)**15)**

두 개념을 구분하여 측정 과정을 인간의 개입에 의한 '실

---

15) Alain Badiou, *Logics of Worlds*, trans by Alberto Toscano, Continuum, 2009, 217~219, 250~251, 300쪽. 바디우에게 있어 객체성(실재성)의 근원을 설명하는 '출현' 개념은 비-주체적 개념이다. 그리고 그에게 있어서 세계에 사물의 출현, 즉 사물(존재)의 대상-되기(현실화)는 들뢰즈(잠재성의 우위와 이행으로서의 현실화)보다는 아감벤(가능적인 것과 실재적인 것 사이의 비분리와 비실현의 상호적 존재론)에 더 가깝다. 바디우에게 '출현' 개념은 존재와 현-존재(ÊTRE-LÀ)는 분리된 것이 이행하는 것이 아니라, 존재와 현존재의 변증법적 상호작용('융합')인 것이다. 그는 라깡의 이미지를 빌려와 원자를 '존재 안에서 출현의 누빔점'이라고 말한다; "현존은 순수한 존재로부터 현-존재 혹은 본질로부터 현상으로, 즉 출현으로 향하는 운동으로 사유되어야 한다는 점이다(61쪽).... 유물론의 근본원칙: '모든 출현의 원자는 실재적이다... 원자적 층위에서 출현의 원자는 관련된 다자의 실재적 원소와 동일시될 수 있다는 점이다. 우리는 여기서 존재와 출현 사이의 연관에 관한 가장 심오한 고찰 속에 있다. 유물론의 원칙을 채택하는 것, 이는 *출현의 최소 지점에서, 출현하는 존재로 인한 일종의 '융합'이 있음을 받아들이는 것이다. 출현의 원자는 어떤 의미에서 다자의 실재적 원소에 의해 '규정된다.'*" 알랭 바디우, 『철학을 위한 두 번째 선언』, 박성훈 옮김, 도서출판 길, 2022년, 69쪽.

현'이 아닌 물리적 과정인 '현실화'로 개념화해서 이해할 경우(그러나 대다수의 철학자들이나 과학자들이 물리적 과정으로서의 '현실화' 역시도 들뢰즈식으로 잠재성으로부터 현실성으로의 이행 과정으로 이해하고 있다는 점을 미리 지적해두고자 한다),[16] 우리는 '가능적인 것'을 실재의 한 요소로서 긍정하는 '가능적인 것의 존재론'을 새롭게 구상할 수 있다. 더 나아가 그 일환으로 양자계의 '상태'를 '성향 확률'로 해석하는 입장과 '가능적인 것의 존재론'을 양립시켜보자. 이것은 앞으로 논의할 아감벤의 '실현' 개념 비판과의 접점을 위해서 중요하다고 하겠다.

먼저 '상태를 나타내는 복소수값 함수 Ψ의 해석'(김재영,

---

[16] 아감벤과 달리 가능성과 잠재성virtuality을 구분하는 들뢰즈에게 가능성은 '실현'되지만, 잠재성은 실현(실재화)되는 것이 아니라 현실화된다; "들뢰즈에게 가능성은 실재성의 반대극에 있고 잠재성은 현실화의 반대극에 있다. 가능성은 현실화되는 것이 아니라 실현되는 것이다... 반면 잠재성은 실현(실재화)되는 것이 아니라 현실화된다. 잠재적인 것은 그 자체로 실재적이다." 황수영, 『근현대 프랑스철학의 뿌리들』, 갈무리, 2021, 427~428쪽. 반면 아감벤에게 있어 '실현은 실재성에 대한 가장 극단적인 부정이다... 실재성은 실현의 효과가 아니라 분리될 수 없는 존재의 속성'이다.(Agamben, 2022, 7~8쪽).

2021, 9쪽)과 관련해 '성향 확률' 해석을 제시한 칼 포퍼에 대한 김재영의 해설을 들어보자.

"확률의 해석과 관련하여 포퍼는 주관적 해석과 빈도 해석 모두를 비판하면서 성향 해석이라는 독창적인 견해를 제안했다. 확률은 세계가 가지고 있는 '성향'에 대한 정량적 이해이다. 일반적으로 성향이란 가능태potentiality가 현실태actuality로 바뀌는 과정에서 드러나는 비범주적 성질이다.... [포퍼에게] '성향은 실제한다. 성향은 단지 가능성들이 아니라 물리적 실재들이다. 아직 실재성이 되지 않았으며 시간의 과정 속에서만 비로서 그 운명이 결정되는 비중이 다른 가능성들이다(Popper, 1990).'"[17]

이런 성향 해석은 앞으로 논의될 아감벤의 주장, 즉 존재의 분리불가능한 속성으로서 '가능적인 것'과 '실재적인 것' 사이의 관계를 양자 층위에서 실현 개념이 아니라 현실화 개념으로 파악할 수 있는 논점들을 지니고 있다. 물론 위 주장

---

[17] 김재영, 「칼 포퍼의 〈탐구의 논리〉와 양자역학의 성향 해석」, 『철학, 사상, 문화』 36호, 2021년. 7쪽.

에는 실현 패러다임을 온전히 벗어나지 못하고 있는 부분이 있다. 일례로 포퍼에게 '현재[실재성]'는 '성향들의 지속적인 현실화 과정'으로서,[18] 성향들은 객체적인 과정이자, 그 성향들의 세계는 가능성들이 현실화되는 세계이다. '실재성이 되지 않았으며 시간의 과정 속에서만 비로서 그 운명이 결정되는 비중이 다른 가능성들'이라는 포퍼의 주장은 ❶ "시간을 통해 존재를 이해하려는 시도로, 실재성을 실현이나 비실현의 과정으로 이해하려는 시도"(Agamben, 2022, 69쪽)를 극복하지는 못해 보인다. 그러나 이런 시간의 도입이 '가능적인 것'을 '실재적인 것'의 과거로의 투영이라고 볼 수는 없다. 왜냐하면 포퍼는 ❷ '가능적인 것'의 층위를 존재(실재)의 동시적인 실제 요소로서 긍정하기 때문이다. 따라서 '가능적인 것'과 '실재적인 것'을 존재의 분리불가능한 속성으로 단언하는 것과 함께 존재를 주체에 의한 실현(비실현)의 과정으로 사유하지 않고, 객체의 현실화 과정으로 이해하는 것이 중요하다.

---

18) Karl R, Popper, *A World of Propensities*, Thoemmes Press, 1990, 14쪽. 포퍼는 '현실화'와 '실현' 개념을 따로 구별하지 않고 같은 개념으로 쓰고 있다.

포퍼의 사례 말고도 최근 "대상의 '상태' 개념이 '점유' 개념으로부터 '성향' 개념으로의 전환이 고전역학에서 양자역학으로의 전환"(장회익, 2022, 299)을 이루게 했다고 주장하는 장회익의 논의를 살펴보자.**19)** 장회익은 양자 확률은 통계적 확률이 아니라 파동함수가 가진 존재론적 확률이라고 말하고 있다. 즉 파동함수 자체의 존재론적 성향이 확률적인 것이다; 그는 양자 대상의 상태를 대상에 대한 우리의 지식이 아닌 대상 자체에 속하는 존재적 성격을 지닌 것으로 본다(장회익, 294쪽). 그의 파동함수에 대한 논의를 계속 따라가 보자: 물질파(파동방정식)는 ❶ 양자역학 성립 초창기에는 대상 입자가 시공간 안에서 관측될 확률과 관련된 것으로 해석됐다. ❷ 그러나 이 확률은 실제 물체가 어느 시공간 안에 있으리라 추정하는 통상적 확률과는 그 성격을 달리한다. ❸ 실제로 이 파동의 값은 실수가 아니라 복소수 값으로 표시된다. 이 값의 절대치 제곱이 그 대상이 그 지점에서 발견될 확률에 해당하는 것으로 해석된다. ❹ 나중에 결국 이 파동함수는 물질의 분포나 그 확률을 직접 나타내는 것이 아니라,

---

19) 장회익, 『양자역학을 어떻게 이해할까? 양자역학이 불러온 존재론적 혁명』, 한울, 2021.

우리가 서술하려는 대상의 '상태'[20]를 나타내는 것임이 밝혀지기에 이르렀고, 따라서 이것을 대상의 '상태 함수'라 부르

---

20) 장회익에게 존재론(고전, 양자역학)이 지니는 "주된 내용은 대상의 '상태'를 나타낼 관념의 틀과 이를 인식주체와 연결하는 방식"(82쪽)이다: ❶ "고전역학에서 상태는 서로 독립적으로 관측되는 대상의 위치와 운동량의 값으로 규정"된다(82쪽). 반면에 ❷ 양자역학에서 대상의 상태: "우리가 대상의 상태를 공간의 전 영역에 걸쳐 정의되는 일반화된 성향으로 확장한다는 것은 대상의 상태를 공간상의 한 점이 아닌, 공간 변수의 함수 형태로 나타내어야 함을 의미하며.... 고전 존재론에서 새 (양자) 존재론으로 넘어오는 과정에서 가장 크게 주목해야 할 점이 바로 성향의 영역을 넓힘으로써 더 일반적인 내용을 담을 그릇을 마련했다는 점이다."(147쪽) 고전, 양자 역학적 '상태'의 조작적 의미: 고전 역학은 '*성향*' *값이 0과 1 밖에는 없다*(86~90쪽). 반면 양자역학은 "대상이 변별체 위에 사건을 야기할 성향이 '*0과 1뿐만 아니라, 그 사이의 다른 값*'이 될 가능성"(139쪽 이하)을 말하고 있다.

이것을 알랭 바디우는 다음과 같이 말한다: "고전적인 존재론에서는 X는 Y와 동일한 원소이거나 또는 X는 결코 Y와 동일하지 않다는 오로지 두가지 가능성만이 있다. 엄격한 동일성 또는 차이가 있는 것이다. 반면 다자성들의 현존재의 장소인 구체적인 세계 안에서, 우리는 매우 다양한 가능성들이 있다. 하나의 사물은 다른 사물과 매우 유사하거나 또는 몇가지 점에서 유사하지만 다른 몇가지 점에서 다를 수 있으며, 어느 정도 동일하거나 매우 동일하지만 완전히 동일하지 않을 수 있다." 알랭 바디우, 『철학을 위한 두 번째 선언』, 박성훈 옮김, 도서출판 길, 2022년, 65~66쪽.

게 되었다(장회익, 136쪽). 그는 존재적 성격을 지닌 이런 대상의 양자역학적 '상태'를 '존재 표출 성향'(장회익, 145쪽)이라고 개념화한다. 여기서 중요한 것은 '존재 표출 성향'이 변별체와 만나 우리가 관측할 수 있는 '사건'이 야기되는 과정은 결코 인간 개입의 '실현'이 아닌 물리적 과정인 '현실화'로 이해해야 한다(장회익, 278~280쪽).

❷ 아감벤의 확률 이해

이십 세기 초 물리학의 전망과 관련해 양자역학의 확립과 발전 결과는 결정론적 모델보다 비결정론적 모델이 더 우세할 것이라는 전망이 지배적이었다. 그리고 그런 전망은 오늘날 단순히 인식론적 통찰에 그치지 않고 존재론적 긍정으로까지 이어지고 있다.

"앞으로 물리 과학에서 인식론적 결실의 이점은 결정론적 진화 모델보다는 확률 계산의 모델, 즉 [결정론적 모델의] 설명-묘사적 야망을 희생하면서까지 [비결정론적 모델의] 예측 능력을 최대로 발전시키는 입장에 속할 것이라는 점만 관찰할 수 있을 뿐이다. 많은 이론가가 여기서 멈추지 않고 비결정론적 선택의 번식력에 대한 인식론적 관찰을 세계를 지배하는 법칙의 확률적 특성에 대한 존재론적 긍정으로까지 확장하는 경향이 있는 것도 사실이다."[21]

법칙의 '확률적 특성'이 존재론적 긍정(아감벤이 언급한 '가능적인 것'의 존재론)으로까지 확장된다는 전망에 대한 우려는 여러 철학자와 과학자로부터 나왔다. 아감벤이 소개하는 마요라나와 베유 역시 그런 우려를 표명하였는데, 마요라나(베유)의 논문으로부터 끌어낸 양자역학이 가져온 쟁점을 몇 가지로 요약해보자: ❶ 양자역학은 단순한 인과적 매커니즘이나 기존의 결정론을 대체하는 새로운 종류의 통계 법칙(실재성에 대한 순전히 확률론적 구상)을 물리학에 도입하였다(양자 층위에서 고전 물리학적인 결정론의 결여). 나아가 이 확률론적 구상은 '실재적인 것(실재성, 현실성)'에 대한 종속으로부터 '가능적인 것(가능성, 잠재성)'을 해방시켰고,

---

[21] Michel Bitbol, *Quantum Mechanics as Generalised Theory of Probabilities*, Collapse Volume VIII, 923-958.

'가능적인 것' 자체를 대상으로 하는 학문(양자역학)을 가능하게 만들었다. ❷ 그런 확률론적 구상에 따르면 '실재 그 자체'는 없는 것이고, 실재성은 확률(가능성)의 '실현'일 뿐이다(가능성이 실재성을 대체함). ❸ 이러한 실현은 연구자의 개입을 통해서 이루어진다. ❹ 과학에서의 이러한 전환은 통제 기술에 있어서 특별한 기술을 요구한다. ❺ 그 결과 '확률에 의해 실재성이 퇴색되는 결과'에 이른다.

아감벤에게 있어서 근대 통계학과 양자역학에서 승인된 확률론적 구상의 최종 결과는 아리스토텔레스의 개념으로 말해보자면 '가능성'에 의한 '실재성'의 대체라고 말할 수 있다. 양자역학에서 독립된 현존을 보장받은 특별한 종류의 '실재'로서 가능성('확률' 또는 '가능적인 것')은 존재를 통제하기 위해 '실재성'의 발생에 개입할 수 있게 하는 하나의 수단이 되었다고 아감벤은 주장한다. 양자역학에서 측정 이전의 물리계의 상태에 대해 말하는 것은 무의미하다는 생각이 주류[22]를 이룬 상황에서 아감벤은 다음과 같이 말하고 있다.

---

[22] 보통 코펜하겐 학파라고 불린다. 이런 확률에 대한 주관주의적 해석은 실험자의 측정행위가 실재성(닐스 보어의 용어로는 '현상')을 만들어낸다고 본다. 이 입장은 측정행위 없이는 실재성(관측가능한 물리

"양자역학에 대한 지배적 해석의 지지자들과 그들에 대한 비판자들 모두에게, 관측 전후의 계의 상태는 실재하는 상태가 아니라 확률적 상태이다; 그러나 그들은 이런 상태에 대한 표상을 생산하면서, 확률이 역설적인 방식(예를 들어, 마치 한 입자가 동시에 상태 A와 상태 B로 있는 것처럼) 속에서만 사유될 수 있는 매우 특별한 종류의 실재인 것처럼 주장하는 듯 보인다.… 특정 값의 빈도수의 분포를 순진하게도 관측 중인 그 계의 객관적 속성으로 파악하려는 반복적 경향은 '자연주의적 오류'라는 낙인이 찍힌다…… 마요라나가 썼던 것처럼, '모든 측정의 결과는 원자계가 교란되기 이전의 미지의 상태보다는, 그 계가 실험하는 동안에 놓이게 되는 상태와 더 관련된 것으로 여겨진다'."(아감벤, 2025, 46, 59, 67쪽).

측정 과정에서 물리계(양자 세계)의 측정 이전의 상태는 인식 불가능한 것으로 가정되며, 따라서 계의 상태는 '실험하는 동안에 놓이게 되는 상태'가 측정 과정에 있어서 본질적인 것이 된다. 이제 실재성은 오직 실험하는 동안 측정 행위(인

량)에 대해 말하는 것은 무의미하며, 실재성은 오로지 측정(인간의 개입)을 통해서만 그 의미를 확보할 수 있다.

간의 개입)에 의해 실현된 것만을 관찰가능량(실재성)으로 인정된다. 아감벤은 가능성과 실재성에 대한 이런 확률론적 구상에 맞서서 새로운 '가능적인 것의 존재론'을 구상한다.

§§ 아감벤은 '가능적인 것'의 존재론에 대해 말하면서 양자역학의 지배적 해석이나 그 비판자들 모두 확률을 '특별한 종류[공존하는 상태]의 실재'로 주장한다고 말하고 있다. 하이젠베르크의 다음 주장을 들어보자.

"이런 '상태'라는 개념은 양자론의 존재론에 관한 최초의 정의가 된다. 이런 식으로 사용하는 '상태'라는 개념이, 특히 '공존하는 상태'라는 개념 안에서는, 유물론적 존재론에서 사용하는 일반적인 개념과는 크게 다르다는 사실은 누구나 간단히 파악할 수 있고, 따라서 그저 편리한 대로 용어를 차용하는 것이 아닌지 의심을 품게 마련이다. 반면에 "상태"라는 단어를 실재성이 아닌 일종의 잠재성을 설명하는 것으로 간주한다면, '상태'라는 단어를 "잠재성"이라는 단어로 간단히 대체할 수도 있다. 그러면 '공존하는 잠재성'이라는 개념도 꽤나 말이 된다. 왜냐하면 한 잠재성이 다른 잠재성을 포함하거나 겹칠 수 있기 때문이다.... 원자 사건에 대하여 실험에서 우리는 사물과 사실, 즉 일상생활의 모든 현상과 마찬가지로 실제적인 현상처럼 다룬다. 하지만 원자나 기본 입자 자체는 실제하는 것이 아니다. 원자 세계는 사물이나 사실로 구성된 세계가 아니라, 잠재성이나 가능성의 세계이다." (하이젠베르크, 1958(2018), 232쪽)

아감벤은 양자역학의 확률론적 구상의 결과인 양자역학적 존재론을 '가능적인 것'의 존재론의 한 사례라고 여긴다. 위에서 하이젠베르크는 양자론의 존재론의 최초의 정의로 '상태' 개념을 꼽았고, 상태=잠재성(가능적인 것)이 성립된다고 말하고 있다. 이 잠재성은 '현실성으로부터 해방된 잠재성'이다. 아감벤이 보기에 양자역학의 확률론적 구상은 현실성으로부터 해방된 잠재성이 현실성(실재성)을 대체하고, 잠재성은 인간에 의해 실재성으로 결정(실현)된다. 여기서 쟁점은 아감벤이 실재성의 실현을 가능하게 하는 근본 원인을 양자역학의 확률론적 구상이 양자 층위에서의 결정론을 포기하는 것으로부터 찾는 부분이다. 아감벤은 "전례가 없을 정도로 물리계의 상태에 대한 실험자의 '통제'와 '결정'을 허용(강제)하는 것은 바로 양자 층위에서 고전 물리학이 지닌 결정론의 결여 때문"이라고 말하고 있다. 그러나 물리학자들은 이 '상태' 층위에서의 변화 과정은 여전히 결정론을 따르고 있다고 말하고 있다.

"양자역학에서 상태의 변화를 말해주는 법칙은 슈뢰딩거 방식으로 표현된다. 슈뢰딩거의 방정식은 특정 순간에 대상이 어떤 상태에 있는지 정확히 알려져 있을 때, 이후의 임의의 다른 시간에 상태가 어떻게 주어질지 모호함 없는 유일한 풀이를 보장한다. 그런 점에서 슈뢰딩거 방정식이 표현하는 양자역학에서도 상태에 대한 결정론은 여전히 유효하다. 난점이 나타나는 것은 상태를 나타내는 복소수값 함수 Ψ의 해석에 이르러서이다." (김재영, 2021, 9쪽)

따라서 우리는 '가능적인 것'의 존재론의 한 사례인 양자론의 존재론이 결정론을 포기하였다는 아감벤의 주장을 '상태'의 층위에 두기보다는, '상태(함수)'와 물리적 사건(빈-사건) 사이의 관계, 가능성과 실재성 사이의 새로운 관계 설정을 통해 이해해야 한다. 앞서 언급한 '실현'과 '현실화'의 구분을 통해 다시 설명하자면, 존재의 분리불가능한 두 속성인 가능성과 실재성, 잠재성과 현실성을 분리와 이행, 즉 실현의 패러다임로 설명할 경우에는 '결정론의 포기'가 인간의 개입 때문인 것으로 설명될 수 있다. 실재성이 가능성의 실현으로서 인간의 관측 행위의 개입을 통해서만 이루어진다면 고전역학적 결정론은 포기된다. 반면에 그런 분리와 이행이 없이 가능성과 실재성에 대한 새로운 구상을 할 경우에, 우리는 인간의 개입 없이 이루어지는 '현실화' 관계로서의 가능성과 실재성을 새롭게 이해할 수 있다. 아감벤에게 있어 잠재성(가능성)의 경험(현실화)은 가능성에서 실재성으로 시간에 따라 이루어지는 것이 아니라, 즉각적인 실재로 경험된다. 우리는 이 '현실화'를 보다 직관적으로 이해하기 위해 아감벤이 제시한 글쓰기 비유를 통해 잠재성의 경험에 다가가 보자.

"이런 의미에서 내가 어떤 잠재성을 경험할 때, [또는] "나는 글을 쓸 수 있다"라고 말할 때, 이것은 그 자체로 실재하지 않는 가능성을 실현해야 한다는 의미가 결코 아니다. '나는 글을 쓸 수 있다'라는 것은 나에게 글을 쓸 수 있는 잠재성이 있고, 결국에 이 잠재성을 현실성으로 실현할 수 있다는 것을 의미하지 않는다; 그것은 글쓰기가 나에게 즉각적으로 참이자, 실재적이라는 것을 의미하며, 그것은 내가 소유한 잠재성이 아니라, 나의 삶의 형태라는 것을 의미한다. 그렇지 않고 '나는 글을 쓸 수 있다'가 현실성에서 실현되어야 하는 글쓰기의 잠재성을 가리키는 것이라면, 나는 결코 쓸 수 없을 것이다. 왜냐하면 현실성에서 잠재성으로의 통로가 없기 때문이다. 가능성은 현실성의 맥락에 따라 생성되나, 현실성과 분리될 수 없으며, 동시에 현실성으로 환원될 수 없다; 이런 의미에서는 항상 가능성은 하위 현실성이다."(Agamben, 2022, 85쪽)

이렇듯 아감벤에게 있어 예술과 삶, 믿음과 율법, 철학과 정치의 관계와 마찬가지로 가능성과 실재성의 관계는 결코 실현으로 맺어지는 관계가 아니다. 여기에 더해 어쩌면 과학과 기술의 관계도 실현의 관계로 맺어져서는 안되는 관계라고 볼 수 있다. 아감벤 식으로 표현해보자면 과학은 '실현에 저항하는 것'으로서 각각의 기술에 있어서 실현할 수 없는 것으로 남아 있어야만 그 자신의 '가장 귀중한 선물인' 가능성을 보존할 수 있는 것이다.

Ⅱ- 실현의 존재론 비판

"실재성은 실현의 효과가 아니라, 분리할 수 없는 존재의 속성이라는 점을 기억해야 한다. 실재적인 것은 정의상 실현할 수 없는 것이다.... 가능적인 것은 각각의 실재적인 것에 있어서 실현할 수 없는 것의 심급이라고 말할 수 있다. 가능적인 것은 자기를 실현하려는 경향을 내포하는 것이 아니라 실현에 저항하는 것이며, 이런 식으로 가능한 것은 있을 수 있고 가능할 수 있다. 사유와 언어에 있어서 '사물'을 잠재성과 현실성, 본질과 현존으로 분리하는 것은 잠재성에서 현실성으로의 필연적 이행 관념의 기반이며, 존재(실재)를 끊임없는 실현의 과정으로 파악하는 존재론적 장치를 뒷받침한다. 이 [존재론적] 구상은 우리가 본 것처럼 아포리아와 모순에 휩싸여 있을 뿐만 아니라, 결국 그것이 이해하고자 했던 실재성을 이론적으로나 실천적으로나, 형이상학적으로나 정치적으로나 파괴하는 결과를 낳는다. 오늘날 실재성은 모든 영역에서 그 일관성을 보장해야 하는 실현 과성에 의해 파기되어 있다. 물론 실재가 비실재적인 가능성과 매번 실현되어야 하는 현실성으로 분리되면 통제와 조작의 대상에 적합하다; 그러나 바로 그런 신학적 전제에서 해방되면, 실현이 지속적이고 끝이 없는 것으로 간주되기 때문에, 실재성의 통치 가능성 자체가 환상에 불과한 것으로 판명된다.(Giorgio Agamben, 2022, 7~8쪽. 85쪽.)"

현실성으로부터 해방된 '가능적인 것(가능성, 잠재성)'은 근대 과학과 정치의 중요한 대상이 되었고, 실재성은 그 가능성의 실현으로 기획되었다. 그러나 아감벤에 있어 '가능적인 것'의 참된 존재론적 층위는 실현할 수 없는 것이자 실현에 저항하는 것이다. 그는 '실현' 패러다임에 갇힌 서구 존재론의 분리 기계-장치가 가능성과 실재성에 대한 올바른 구상을 가로막았고, 결국 실재(성)를 '이행(실현)'으로 파악함으로써 자연과 역사에 대한 인간의 대응에 있어 파괴와 실패를 가져왔다고 판단하고 있다. 무엇보다도 아감벤에게 있어서 존재론은 역사와 무관한 사유물이 아니라, '존재론은 가장 진지하고 중대한 결과를 초래하는 시대적 결정이 내려지는'(Agamben, 2022, 59쪽) 곳이다. 그 서구 존재론(그리고 그 문명)에 시대적 결정을 내린 비밀 엔진은 바로 '존재[실재]의 분리'이며(같은 책, 26~27쪽),[23] 서구의 존재론적(정치적) 기계-장치의 작동은 그 '분리'를 통해 '실재성'을 '실현' 개념과 동일한 것으로 만드는 과정이었다.[24] '실재성' 개념의 탄생은 '실현'의 양상적 의미, 즉 분리된 존재가 끊임없이 실현되는 과정과 같다. 이제 모든 실재성은 실현으로 번역되었고, 오늘날 자연의 개발과 파괴, 정치의 구성과 소멸은 바로 이런 '가능적인 것'의 실현과 실재성 창조 구상에 기반한다.

아감벤은 그 실현의 존재론적 기계 장치를 추적하기 위해서 먼저 철학사에서 '사물(res)[be동사, 실재, 존재]' 개념을 역추적한다. 그리고 그 개념이 철학자들 사이의 철학적 논쟁(존재론적 논증, 언어의 문제..)을 거치면서 이루어진 개념의 '분리' 과정을 요약한다. 그 개념의 변천 과정에서 존재론

---

[23] "결정적인 것은, 서양 철학 전통에서 생명과 마찬가지로, 존재는 항상 그것을 횡단하는 분리에서 출발되어 질문되어 왔다는 것이다." (Agamben, 2015, 115쪽.)

[24] 아감벤은 '실현'을 형이상학적 장치이자, 존재론적 기계 장치로 파악하고 있다. 그에게 '장치'란 분리(분할)와 포획을 통해 '주체화를 생산하는 하나의 기계이자... 통치기계'이다. 아감벤에게 있어 중요한 것은 '존재론적 기계 장치'에 포획되어 '분리'된 것을 해방시켜 '가능성에 대한 새로운 사유'로 나아가는 것이다. 아감벤, 『장치란 무엇인가』, 양창렬 옮김, 난장, 2010, 40~44쪽.

적 기계 장치는 '실재'를 본질과 현존, 가능성과 실재성, 잠재성과 현실성으로 '분리'하였고, 이 분리는 가능성에서 실재성으로 이행하며, 본질은 현존으로 끊임없이 실현되는 것으로 이해된다. 반면 그는 본질과 현존, 잠재성과 현실성, 가능성과 실재성이 서구 존재론적 기계의 양면이지만 이런 분리 과정이 없었다면 서구 문명도 가능하지 않았을 것이라고 일단 긍정한다:

"실재를 본질과 현존, 잠재성과 현실성으로 분리하지 않으면, 서양의 역사적 잠재력을 가능하게 했던 과학적 지식도 가능하지 못하였고, 인간 행동을 지속적으로 통제하고 지도하는 능력도 없다. 만약 우리가 당장 현존하는 것에 대한 관심에 배타적으로 집중하는 것(동물이 하는 경우처럼)을 중단하고 그 본질('무엇')을 사유하고 정의할 수 없었다면, 서구의 과학과 기술은 분명 그 특징적인 발전을 이루지 못했을 것이다. 그리고 '가능적인 것'의 차원이 완전히 사라진다면 계획이나 프로젝트도 생각할 수 없게 되며 인간의 행동도 지시하거나 통제할 수 없게 된다. 서구의 비교할 수 없는 잠재력은 그 본질적인 조건

중 하나를 그 존재론적 기계에서 발견한다(Agamben, 2022, 59~60쪽)."

'가능적인 것의 존재론'의 새로운 구상을 위한 출발에 앞서, 아감벤은 가능성(잠재성)의 층위를 실재성으로부터 분리시키지 않았다면 인간의 모든 프로젝트들(행위들)이 통제되거나 지도되지 못했을 것이라고 먼저 긍정을 한다(물론 그런 서양의 존재론적 기계 장치의 분리로 이룩된 서구 근대 문명은 전체주의적 발전으로 규정된다). 우리가 언어를 통해 접하는 '사물'은 항상-이미 '분리'되어 드러나며, 그 '분리'된 사물을 인식, 통제하게 되었다. 문제는 이렇게 인간의 정신(사유와 언어)이 '존재(실재)'를 두 개의 서로 다른 층위로 나누고, 존재를 이행 과정의 결과로 파악함으로써 이룩한 문명이 결국에는 존재(실재)를 조작과 통제의 적합한 대상으로 전락시켰고, 이는 결국 실재성을 약화하는 결과(실현으로서의 실재성)를 가져왔다는 것이다. 따라서 이렇게 오랫동안 서양 철학을 걸쳐해 온 이 구상에 의문을 제기하고 실현 패러다임을 비판한다는 것은 잠재성과 현실성 사이, 본질과 현존 사이의 분리나 이행(전환) 없이, 세계의 경험과 지식에 대해 생각하려는 노력을 의미할 것입니다. 즉 '가능성'의 실현으로서 실재성을 이해하지 않는 것이다. 가능성 자체는 이미 실재이며 이는 실현할 수 없는 것이다. 그런 의미에서 아감벤은 존재를 가능성과 실재성으로 분리하는 장치인 '서구의 존재론적-정치적 기계'의 작동을 멈춰야 한다고 주장한다(Agamben, 2022, 15쪽). 우리는 서구의 존재론적-정치적 기계의 두 축인 과학과 정치 비판을 통해서 실현할 수 없는 것으로서의 '존재'에 대한 이해를 증진시켜서, 아감벤이 제시하려는 가능성과 실재성에 새로운 절합과 새로운 '가능적인 것'의 존재론을 살펴보고자 한다.

❶ 양자 역학과 실현 패러다임 비판

아감벤은 『실현할 수 없는 것』(2022)에서 다음과 같이 말하고 있다.

"양자 물리학에서 실재성의 통계적 일관성은 그 자체로는 결정론적으로 알 수 없으며 항상 실험을 통해 실현되어야 함을 의미할 뿐이다. 실재성 그 자체는 없다. 실재성은 단지 확률의 '실현'일 뿐이며 이러한 실현은 연구자의 개입을 통해서만 이루어질 수 있다. 하이젠베르크의 불확정성 원리의 진정한 의미는 인식에 한계를 두는 것이 아니라, 실험자의 개입을 불가피한 것으로 정당화한다는 것이다.[25] 에토레 마요라나는 다음과 같이 말했다; '모든 측정의 결과는 원자계가 교란되기 이전의 미지의 상태보다는, 그 계가 실험하는 동안에 놓이게 되는 상태와 더 관련된 것으로 여겨진다.' 그러므로 시몬 베유가 양자 물리학을 사용하여 서구가 깨닫지 못한 채 '과학, 또는 적어도 4세기 동안 우리가 그 이름으로 정의한 것'을 잃어버렸다고 주장할 수 있었던 이유를 이해할 수 있다. 그러나 실제로 잃어버

---

[25] 이런 아감벤의 이해와 달리 장회익에게 있어서 하이젠베르크의 "'불확정성의 관계'는 자연을 관측하는 어떤 인식론적 '한계'를 말해주는 것이 아니다. 이것은 위치 공간과 운동량 공간 사이의 본원적 관계에 따른 존재론적 양상을 말해주는 것이어서 위치 변수와 운동량 변수가 그러한 방식으로 서로 엮여있다는 것이지 측정의 문제가 아닌 것이다."(장회익, 2022, 280쪽). 코펜하겐 해석은 불확정성의 관계를 "인간의 앎과 자연의 실재 사이에 어떤 한계를 발견한 것으로 해석하여 행위자로서의 인간과의 관계를 지나치게 부각시킨 측면이 있다."(장회익, 2022, 280쪽).

린 것은 가능성과 실재성에 대한 올바른 구상이다. 신학자들에게 신의 현존은 그 자체로 경험[실험]될 수 없지만, 존재론적 논증에서 신의 현존이 가능적인 것에서 실재적인 것으로 이행하여 '실현'되는 것과 마찬가지로, 양자 물리학에서도 실재성은 그 자체로 접근할 수 없으며, 연구자가 실험을 통해 매번 그 확률을 '실현'한다(60쪽)."

아감벤은 '실현' 개념을 서구 존재론적 장치를 작동시키는 핵심 개념으로 제출한다. 존재론적 장치는 존재(실재)를 본질과 현존, 잠재성과 현실성으로 분리하고, 실재는 잠재성에서 현실성으로 이행을 통해 실현시키려 한다. 그리고 그렇게 존재와 실재를 끊임없이 실현의 과정으로 파악하는 그 실현의 존재론은 근대의 존재론적 장치들인 과학과 기술에서 구체적으로 구현된다. 양자역학의 확률론적 구상 역시 '비실재적인 가능성'으로부터 현실적인 '실재성'으로 실현된다는 실현의 존재론을 크게 벗어나지 않는다. 아감벤에게 그 '실현 패러다임'의 작동 결과는 결국 '순수 가능성'에 의한 '실재성'의 대체 또는 '확률의 실현'으로서의 실재성으로 이해된다.

그리고 그는 확률에 의해 퇴색된 실재성의 실현에는 행위자로서 인간 주체의 개입이 관련되어 있다고 말한다.

이를 논의하기에 앞서 우리는 아감벤이 '확률(가능적인 것)'을 특별한 종류의 실재라고 했던 말을 떠올려보자. 그 특별한 실재는 우리가 오감을 통해 경험할 수 있는 시공간의 대상들이 아니다. 다음의 진술을 들어보자.

"[양자 대상들은] 시공간의 대상들이 아니라는 것을 떠올리는 것이 중요하다. 즉 그것들은 시공간의 부분이 아닌 것이다. 그렇다면, 그것들은 어디에 있는가? 그것들은 퀀텀랜드 quantumland 속에 있는 가능성들이다. 이것은 그 가능성들이 실재가 아니라고 말하는 것이 아니다.... [양자 대상은] '오직' 퀀텀랜드 속의 가능성들로 현존하지만, 그럼에도 항상 실재한다. 단지 그것들은 시공간 존재자들이 아닌 것이다. 현실화된 교촉작용[측정 과정]이 이 미시적 양자 대상을 가능성들이라는 양자 세계로부터 고전 물리법칙의 현실화된 시공간 세계로 끌어낸다."[26]

---

26) Ruth Kastner, *Understanding our unseen Reality: Solving Quantum Riddles*, Imperial College Press, 2015. 109쪽. 장회익은 존재적 측면에

이런 특별한 종류의 실재인 '가능적인 것(양자 가능성들)'이 시공간 영역으로 드러나는 일[사건]을 인간의 개입으로 드러나는 '실현'으로 파악하는 아감벤의 문제 제기가 과연 양자역학에 대한 올바른 이해인지 우리는 묻지 않을 수 없다. 앞서 잠깐 언급하였듯이 이 양자 가능성들의 '현실화'를 아감벤은 확률의 '실현' 개념으로 포착하여 대체하고 있다. 그러나 일부 물리학자들이나 철학자들은 양자 가능성(상태, 확률, 성향)의 '현실화'에는 인간의 개입의 여지가 없다고 주장한다. 반면에 아감벤에게 양자역학의 확률론적 본성은 실재성을 확률의 실현(인간 개입)으로 설명한다. 우리는 이런 아감벤(베유, 마요라나)의 이해가 20세기 초반에 양자 이론이 정확히 무엇을 기술하는지에 관한 논쟁에 있어서 '상태를 나타내는 복소수값 함수 Ψ'에 관한 주관주의적 해석으로부터 유래한다고 지적할 수 있다.

반면 그런 해석에 반대하는 많은 이들은 양자 대상의 '실재성'이 인간의 관측 행위에 의존하는 듯 해석된 역사

서 양자 대상을 시공간 상에 존재하는 존재 양상으로 설명한다: "대상 자체의 존재적 측면에서 보면 양자역학적 상태는 대상이 시공간 상에 존재하는 하나의 존재 양상을 대표한다."(장회익, 2022, 144쪽).

와는 다른 의견을 제시한다. 일례로 루스 카스트너Ruth Kastner(1955~)는 양자 이론에 대한 초창기 해석에서는 측정 개념이 물리적 개념으로 적합하게 정의되지 못하였었고, 그에 따라 "측정 개념이 관찰자-의존적이고 주관적인 것"으로 여겨졌으나 실제로 측정 과정들은 본질적으로 물리적이며 주관적 지각들에 의존하지 않는다고 주장한다.[27] 장회익 역시 측정에 있어서 "인간의 '관측 행위'가 개입될 이유가 없다"고 말하고 있다. 아감벤이 주장하는 실재성의 '실현'과 관련하여, '인간 개입의 불가피성'이라는 해석적 입장은 오히려 "하이젠베르크를 비롯한 거의 모든 사람들은 이 [측정] 과정을 관측 행위와 직결시킴으로써 마치도 인간의 관측 행위가 이러한 사건 발생 과정에 필수적으로 관여하는 것으로 과잉해석"(장회익, 279쪽)하기 때문에 발생하는 것으로 볼 수 있다. 마찬가지로 아감벤이 인간의 개입의 불가피한 원리로 해석한 하이젠베르크의 '불확정성의 원리' 역시 양자역학 초창기의 해석에 대한 이해로부터 비롯된 것이다.

---

[27] Ruth Kastner, *Understanding our unseen Reality: Solving Quantum Riddles*, Imperial College Press, 2015. 122쪽.

"불확정성 관계는 자연을 관측하는 어떤 인식론적 '한계'를 말해주는 것이 아니다. 이것은 위치 공간과 운동량 공간 사이의 본원적 관계에 따른 존재론적 양상을 말해주는 것이어서..... 그럼에도 [양자역학 탄생] 초기에 인간의 앎과 자연의 실재 사이에 어떤 한계를 발견한 것으로 해석하여 행위자로서의 인간과의 관계를 지나치게 부각시킨 측면이 없지 않다."(장회익, 2022, 280쪽).

따라서 아감벤이 많이 의존하고 있는 시몬 베유나 마요라나 역시 이런 초창기 양자역학에 대한 이해('확률'에 대한 주관주의적 해석)로부터 나왔다고 할 수 있다. 아감벤이 양자역학의 확률론적 구상('현상들의 전적인 확률론적 특성')을 '실현' 패러다임으로 이해하고, 이를 '실재성에 대한 통제'라는 문제의식으로 발전시킨 것은 바로 양자역학의 확률론적 구상을 이런 주관주의적 확률해석을 통해 이해했기 때문이다; 아감벤은 측정 과정을 통한 실재성의 실현을 곧바로 인간의 '관측 행위'의 개입으로 실재성을 통제하려 한다는 '실현의 존재론'으로 이해한다. 더 나아가 아감벤은 양자역학의 이런 확률론적 본성('통제하는 것'을 목표로 하는 실현 패러다임)이 여전히 과학계를 관통하고 있다고 본다.

또한 앞에서 우리는 아감벤에게 있어서 '실재성'으로부터 '가능성'의 분리가 바로 서구 형이상학적 패러다임을 지탱하는 가장 효과적인 장치라고 했는데, 양자역학에서의 존재론적 장치(본질과 현존. 잠재성과 현실성의 분리)의 작동 여부에 대한 의문과 함께 앞서 논의한 확률, 즉 "현실성에 대한 위계적 종속으로부터 해방된 잠재성"이 어째서 실재에 대한 인식보다는 통제로 향하는지에 물음을 제기할 수 있다.

마요라나로부터 아감벤이 가져온 결론에서 ❶ 양자역학은 기존의 단순한 인과적 메커니즘이나 결정론을 대체하는 새로운 종류의 통계법칙을 물리학에 도입하였고, ❷ 과학에서의 이러한 전환은 통제 기술에 있어서 특별한 기술을 요구한다. 물론 아감벤은 이 기술을 인간의 개입으로서의 '측정', 즉 확률 계산으로 귀결되는 측정 과정을 실재와의 지배 관계의 진입 기술로 해석한다; '실재성에 있어서 결정론의 결여'나 실재성 요소 자체의 중난('물리계의 실제 상태 그 자체를 인식 불가능한 것으로 가정') 그리고 인간의 관측 행위라는 개입을 통해 가장 이상적인 합리적 존재물을 창조함으로써 ('확률 덕분에 우연은 실험 속에서 통제 가능한 물리량'이 되었다), 측정 과정은 인간에 의한 실재성의 통제적 개입 기술로 해석된다. 이렇게 아감벤은 과학이 '실재' 자체에 대한 인식 불가능성을 넘어서서, 아예 과학은 실재를 알려고 시도하지 않으며, 실재를 지배하기 위해 '가능적인 것'을 매개로 '실재성의 결정(창조)'에 개입하려고 한다는 주장에 이르게 된다. 그런 의미에서 우리는 아감벤이 마요나라의 사라짐을 통해 주장하려는 '양자역학의 확률적 본성에 대한 결정적 반대'는 확률의 실현으로서의 실재성을 주장하는 확률에 대한 주관주의적 입장에 대한 비판으로 바라볼 수 있다.

이를 이해하기 위해서 우리는 양자역학 논쟁에 있어서 반실재론자의 주장(확률에 대한 주관주의적 입장)을 먼저 살펴볼 필요가 있다. 리 스몰린은 양자역학 논쟁에 있어서 반실재론적 입장을 다음과 같이 소개하고 있다.

"반실재론적 관점에는 여러 가지가 있다... 이들 중 일부[코펜하겐 학파]는 우리가 서술하는 원자와 소립자의 특성이 그들의 타고난 본질이 아니라 관측자의 상호작용을 교환하면서 생성된 것이며, 입자의 특성이라는 것은 우리가 그것을 관측할 때에만 존재한다고 주장한다.... 반실재론자들 가운데 [양자적 인식론자들의 관점은] 물리학이 원자에 부여한 속성은 실제 원자에 관한 것이 아니라, 원자에 대해 우리가 알고 있는 지식일 뿐이다.... 또 다른 반실재론자들[조작주의]은 양자역학은 [실재의] 근본적 진실이 아니라 원자를 심문하는 일련의 절차에 불과하다. 즉 양자역학이 서술하는 것은 원자 자체가 아니라, 커다란 관측 장비를 원자에 가까이 들이댔을 때 일어나는 현상일 뿐이다."(리 스몰린, 2021, 20~21쪽)

이들의 공통점 가운데 하나는 무엇보다도 ❶ 양자 세계의 실제 상태 자체에 대한 인식 불가능성을 주장하는 데 있다: 실재 그 자체에 대한 인식의 포기; 즉 측정 도구와의 상호작용 이전에 물리계가 '소유'하였다고 가정된 일차적 성질(측정 이전 물리적 상태: 측정 도구와의 무관계적인 존재자)에 대해서는 그 이띤 말도 할 수 없는 것이다. 측정 도구와의 무관계적 존재자와 그것의 독립적 속성들 모두를 배제한다.[28] 이런 반실재론적 주장들의 또 다른 공통적 특징은 세계에 출현한 '현상' 구성에 일관성, 정합성을 부여하는 데 있어서 인간-주체의 역할에 대한 강조(칸트)이다. 이는 결국 ❷ 확률에 대한 주관주의와 '확률의 실현으로서의 실재성' 구상으로 이어진다. 이제 실재성은 사람이 자신의 행동으로 개입하는 정도, 즉 그가 개입하고 영향을 미칠 수 있는 정도까지만 실재성이 된다.

이렇듯 가능성이 실재성으로부터 해방되었고, 물리적 실재성이 측정 이전에 미리 주어져 있는 것이 아니라면, "마요라나가 제안하는 듯 보이는 것은 현상 자체를 어떤 특정 방향으로 향하도록 실험자가 '통제'하게끔 만들고....실험자의 개입을 불가피한 것으로 정당화"한다는 아감벤의 판단도 새롭게 이해할 수 있다. 양자역학에서 '현상들의 전적인 확률

---

28) Damiano Sacco, *Shifting Presence: Giorgio Agamben's and Karen Barad's Reflections on Quantum Mechanics*, The European Legacy : Volume 27, 2022 - Issue 2, 151~152쪽, *Majorana's Sacrifice: On Agamben's What is Real?*, Journal of Italian Philosophy, Volume 2 (2019), 81~82쪽. Damiano Sacco는 이론물리학으로 학위를 받고, 철학을 연구하는 젊은 학자이다.

론적 특성'은 측정 과정에 실험을 통제할 수 있는 인간 주체를 초대하는 것이다.

이런 아감벤의 주장을 '장치' 개념을 통해 보충할 수도 있다. 아감벤에게 '실현 패러다임'은 하나의 형이상학적 장치로서 무엇보다도 그 장치는 주체화를 생산하는 하나의 기계이다. 그리고 그런 기계는 '통치 기계'이기도 하다.[29] 근대 물리학의 존재론적 통제 장치 역시 주체화를 생산하며, 이어서 그것은 '실재성'에 대한 통치 기계로 변모된다. 아감벤은 그 통치 기계의 주체들이 선택한 과학적 이론의 정향이 '실재' 탐구가 아닌 '지배'를 목표로 하고 있다고 말한다. 이 정향(실현 패러다임)이야말로 근대 자연과학이 광범위한 실재성을 창출하고 통제하는 것에서 성공한 이유가 될 것이다.

"만일 우리가 실재적인 것에서 가능적인 것을 분리할 수 없다면, 사물의 본질('무엇인가?')에 대해 생각하기 위해 우리를 둘러싼 사물의 직접적이고 구체적인 현존을 유보하거나 괄호 안에 넣지 않았다면, 서양의 과학과 기술은 그것을 특징짓는 전

---

29) 조르조 아감벤, 『장치란 무엇인가』, 난장, 2010, 41쪽.

체주의적 발전[30)]을 분명히 알지 못했을 것이다."[31)]

  이렇듯 아감벤에게 있어 실현 과정의 지속은 '존재론적 통제 장치'가 잘 작동하는 것을 말한다. 철학자 루돌프 바로 Rudolf Bahro(1935~1997)는 「구원의 논리」[『녹색평론』, 1994년 7/8월호]에서 그런 존재론적 통제 장치에 포획된 과학자들을 과학사제科學司祭(물리학자나 경제학자들)라고 명명한다: "과학기술이 유럽적 생산양식과 더불어 세계에 출현한

---

30) 이 '전체주의적 발전' 양태에 대한 하이데거의 유명한 언급을 인용해 보자: "지구는 이제 한낱 채탄장으로서, 대지는 한낱 저장고로서 탈은폐될 뿐이다. 농부들이 예전에 경작하던 밭은 그렇지 않았다. 그때의 경작은 키우고 돌보는 것이었다. 농부의 일이란 농토에 무엇을 내놓으라고 강요하는 것이 아니라 씨앗을 뿌려 싹이 돋아나는 것을 그 생장력에 내맡기고 그것이 잘 자라도록 보호하는 것이었다. 그러나 오늘날의 농토 경작은 자연을 닦아세우는 이전과는 전연 다른 종류의 경작 방법 속으로 흡수되어 버렸다. 이제는 그것도 자연을 도발적으로 닦아세운다. 경작은 이제 기계화된 식품 공업일 뿐이다. 공기는 이제 질소공급을 강요당하고, 대지는 광석을, 광석은 우라늄을, 우라늄은—파괴를 위해서든 평화적 이용을 위해서든—원자력 공급을 강요당하고 있다." 마르틴 하이데거, 「기술에 대한 논구」, 『기술과 전향』, 이기상 옮김, 서광사, 1997, p. 41쪽.

31) Giorgio Agamben, Destituent Poteniality and the Critique of Realization, *The South Atlantic Quarterly*, January, 2023, 16쪽.

것은 우연이 아니다.... 과학자, 발명자, 기술자들 그리고 상인과 기업가들은 성직계급이나 군인계급들로부터 독립하여, 때로는 그들과 한패가 되었다(『녹색평론』, 1994, 121쪽)." 이 과학 사제들은 '핵무기[과학기술]'와 '자동차[경제]'가 그 본질에 있어서 동일하다는 것을 인정하는데 인색하며, 그것이 이룩한 문명의 전체주의적 발전에 여전히 공모하고 있다. 그런 의미에서 과학 사제들은 '실재'에 대한 윤리적 사유에 이르지 못한 채로 확률 계산만 하고 있다고 말할 수 있다. 과학 사제들은 지금도 현대인의 일상적 관념이 현대과학의 엄밀한 인식에 미달한다는, 즉 계산능력이 부족한 대중은 그래서 더욱 세밀한 인식에 기반한 방향 설정을 이룩한 과학 사제들의 이론에 근거한 일상적 관념을 확보해야 한다고 주장한다.

그렇다면 그런 과학 사제들이 제시하는 문명의 정향에 맞서기 위한 관건은 존재론적 장치에 의해 포획 '분리'된 것을 "해방시켜 공통으로 사용할 수 있게 되돌리는 것"(아감벤, 2010, 38쪽)이다. 이는 물리학 제국주의(경제학 제국주의)로부터 해빙되어 과학과 기술이 '실재'와 새로운 윤리적 관계를 맺고 '가능성과 실재성'에 대한 새로운 구상을 하는 것이다.

§§§ 양자역학에서 설명하는 잠재성(가능성)의 현실화는 다음과 같다: 잠재성의 현실화는 측정을 통해 이루어지는데, 측정이 '관찰하는 의식'에 의존하지 않기에 잠재성의 '현실화'는 인간의 개입의 여지가 없다. 이중 슬릿 실험으로 잠재성의 현실화를 설명하는 간단한 다음의 논의를 살펴보자.

"이중 슬릿 실험과 관련한 다음의 두 진술을 생각해보자.

❶ X: "광자는 아마도 슬릿 A를 통과했다."

"X는 참이다. 그러나 모순 없이 'not X'도 참이다":라고 누군가 X에 대해 말할 수 있다고 해보자. 이처럼 잠재성에 대한 진술로 이해된 X는 배중률($p \vee \sim p$)의 법칙을 따르지 않는다. 또 다른 진술(Y),

❷ Y: "광자는 검출 스크린 P 점에서 검출되었다."

진술 ❷는 현실성에 대한 진술로써 배중률의 법칙을 따른다. X

는 양자 중첩과 관련된 어떤 상황에 적용한 진술이다(파인만의 경로합의 경우처럼). 반면 Y는 측정 결과에 적용된 진술이다. 이처럼 우리는 측정이 가능적인 것이 현실적인 것으로 바뀌는 실재적이고 물리적인 과정(비결정적이면서 즉각적임에도 불구하고)이라고 말하고자 한다.[32]"

여기서 말하는 가능적인 것에서 현실적인 것으로 바꾸는

---

[32] R. E. Kastner, Stuart Kauffman, Michael Epperson, *Taking Heisenberg's Potentia Seriously*, International Journal of Quantum Foundations, 4, (2018), 164쪽. 또 앞 페이지(161쪽)에서 저자들은 다음과 같이 말한다: "우리는 res potentia 같은 양자 포텐시아(QP-힐베르크 공간에서의 양자 상태)가 모순율('~(p∧~ p))과 배중률(p or ~p, p∨~p)을 따르지 않는다는 것을 보여줄 것이다. 배중률과 모순율 모두는 모순에 대한 배타적인 선언적 판단원리를 구성한다. 즉 어떤 명제 P는 필연적으로 참이거나 거짓이지, 제 3자는 없다[3자 배제원리]. 러셀은 배중률을 다음과 같이 말했다: '모든 것은 있거나 없거나 해야만 한다.'(Russell, 1912, 113쪽). 고전적으로 해석할 때, 러셀의 형식화는 '현실actual'에 존재하는 것, 즉 '존재'의 하나의 양식만을 알려준다. 배중률 뒤에 가려진 암묵적인 고전적 가정은 현실주의actualism의 가정이다: 오직 현실의 사물들만이 존재한다는 원칙. 그러나 본 글에서 증명하겠지만, 양자역학의 맥락에서 모순율과 배중률은 현실성과 잠재성 양쪽 모두에 존재론적 의미를 부여한다. 모든 양자 측정은 (배중률과 모순율 둘 다 만족시키는) 확률의 방식으로 잠재성으로부터 현실성으로의 변화(전개)를 함축한다."

측정 과정은 주관적 지각들(인간의 개입)에 의존하지 않는다. 측정은 단지 방출체(양자 대상)와 변별체(거시적 대상)만을 요구할 뿐이다.

또 다른 현실화 설명을 들어보자면 하이젠베르크의 가능성에서 현실성으로의 전환을 장회익은 다음과 같이 해석한다: ❶ "상태 함수는 '사건'의 가능성이다. 따라서 가능성에서 현실성으로의 전환을 '상태'가 '사건'으로 전환됨으로 해석해서는 않된다(장회익, 2022, 279쪽). ❷ 가능성에서 현실성으로의 전환은 상태가 사건을 야기했을 뿐 여전히 '조금 달라진 모습의 상태로 남아 있는 것이다, 그 과정에서 사건 혹은 빈-사건이 하나 발생했을 뿐이다. 이러한 사건들은 우리가 보든 안보든 자연계에서 늘 발생한다(279쪽). ❸ 고전역학에서와 다른 점은 사건 혹은 빈-사건 발생과정에서 상태 함수의 일부가 '그 분포양상에 불연속적 전환'을 가져온다는 점이다(280쪽). 즉, 변별체[흡수체]와 조우함에 따라 일정한 [불연속적] 상태 전환을 하게 되지만, 이것은 어디까지나 양자 대상과 변별체 사이의 관계이지 이것에 대한 '우리의 지식이나 지각이 어떤 관여를 하고 있는 것은 아니다.'(295쪽).

❷ '실현할 수 없는 것'으로서의 실재

"진정한 기술은 인간이 기계의 맹목적이며 해롭기까지 한 자동주의를 거부하고, 고장난 오파이 엔진으로 휘핑크림을 만드는 카프리 거리의 청년처럼 기계를 미지의 영역으로 이동시키는 사용법을 배우는 것이다. 이 사례에서도 엔진이 돌아가는 건 어차피 마찬가지라고 말할 수 있다. 하지만 이 경우 엔진은 완전히 새로운 욕망과 새로운 필요에 의해 작동한다. 여기서 무위는 장치들을 떠나 차라리 새로운 사용 가능성의 문을 여는 '열려라 참깨' 같은 시작이 된다." 조르조 아감벤, 『벌거벗음』, 2014, 159쪽.

'존재'의 분리는 사물에 대한 인식과 통제에 적합했고, 큰 성과를 내놓았지만 아감벤은 이런 서양의 '실재' 구상에 문제를 제기하였다. 앞에서 누차 언급하였듯이 실현의 존재론은 존재(실재)를 끊임없는 실현의 과정으로 제시한다. 아리스토텔레스가 '존재'에 시간을 도입함으로써 '가능성(본질, 잠재성)'과 '실재성(현존, 현실성)'을 분리하기 시작하면서부터 철학 역사에는 '가능적인 것'이 '실재적인 것'보다 더 적으며(현실성의 우위), 잠재성이 현실성에 시간적으로 선행한다는 사유가 지배적이게 되었고, 그렇게 실재(성)를 '가능적인 것'으로부터 '실재적인 것'으로의 실현이나 비실현으로의 이행 과정으로 파악하는 실현 패러다임이 지배적이게 되었다(Agamben, 2022, 69~70쪽). 실현 패러다임에서는 잠재적 상태에 있는 존재물은 작동 중인 '사물'이 아니라는 의미에서 결코 실재성에 이르지 못한 것이다. 반면 아감벤은 잠재성과 현실성 분리와 그 이행 없이, '잠재성'이 곧 실재적이라는 입장이다. 그리고 그런 실현의 존재론에 맞서서, 실재성의 통치와 지배 가능성 자체가 환상에 불과한 것으로서 실재성은 실현할 수 있는 것이 아니라고 말한다; "실재성은 실현의 효과가 아니라 분리될 수 없는 존재의 속성이며, 실재적인 것은 정의상 실현할 수 없는 것이다"(Agambe, 2022, 7~8쪽). 아감벤에게 실재성은 실현된 것과 일치하는 것이 아니라, 항상 실현할 수 없는 것과 일치한다.

아감벤에게 그런 실현될 수 없는 것으로서, 실현에 저항하는 것으로서의 '실재성'을 몸소 보여주려한 것이 '마요라나의 형이상학적 순교'이다.[33] 고대 그리스의 사유로부터 시작하여 근·현대 물리학에서 그 완성을 바라보는 '존재물의 객체화'는 양자역학에서 그 절정에 이르렀고, 바로 존재의 '분리'와 '이행'을 위한 존재론적 기계 장치는 양자역학에 이르러 '잠재성에 대한 계산의 포획'을 통한 '실재성'과의 통치적 관계로 확장되었다. 그리고 아감벤에게 마요라나의 사라짐은 그런 존재론적 기계(양자역학의 확률론적 구상)의 작동에 맞서 존재론적 소멸을 실행함으로써 실재적인 것에 희망을 남겨두려 시도한 상징인 것이다.

그렇다면 마요라나가 붙잡으려 시도한 실현될 수 없는 것으로서의 '실재적인 것'에 대한 희망은 과연 무엇인가? 아감벤은 가능성과 실재성의 상호적 자율성을 부정하면서, 실재성을 가능성의 실현 과정으로 생각하는 것과는 반대로, 가능성 자체의 지울 수 없는 자율성을 '실현할 수 없는 것'으로 간주하는 것이 '존재(실재)'의 존재론적 구조에 진정으로 더 가깝다고 바라본다.

---

33) Damiano Sacco, *Shifting Presence: Giorgio Agamben's and Karen Barad's Reflections on Quantum Mechanics*, The European Legacy : Volume 27, 2022 - Issue 2, 148쪽.

"'기적의 전환(가능성에서 현실성으로의 전환)'이라는 개념보다 더 모순적인 본질을 보여주는 곳은 없다. 그러나 실제로는 전환(이행)이 없다. 왜냐하면 가능성 자체가 실제적이기 때문이다. 가능성 자체에는 그것을 현존하게 만드는 힘이 이미 포함되어 있다." (Agamben, 2022, 51~52쪽).

그 자체로 실제적인 가능성(잠재성)의 이미지를 아감벤은 '빈 서판' 비유[34]를 통해서 말해준다. 그에게 이 '빈 서판'은 바로 잠재성에 딱 들어맞는 이미지로써, 현실성으로 이행(실현)될 필요가 없이 그 자체로 이미 실제적이다, 또한 그는 빈 서판의 이미지로 그려지는 '자기 촉발하는 수용성'(칸트)이 논리-양상적 차원에 갇히지 않는 가능성, 현실성으로 실현할 필요가 없는 잠재성의 유일하고 적절한 정의(Agamben,

---

[34] 아감벤은 '빈 서판' 비유를 여러곳에서 말하고 있다: 『바틀비』(1993), 『내용 없는 인간』(2012), 『실재란 무엇인가』(2017), 『실현할 수 없는 것』(2022). 특히 『실현할 수 없는 것』에서 아감벤은 '빈 서판'의 이미지를 칸트의 '수용성의 자기-촉발 이미지'(84쪽)로 이해한다. 그는 우리가 잠재성을 경험할 때, 그 경험 가능성은 '실재하지 않는 가능성을 실현해야 한다는 것'이 아니라고 말한다. 아감벤에게 가능성은 현실태로의 이행이 필요 없는 것으로서, 그 경험 자체가 이미 실재적인 '수용성의 자기-촉발'이라는 주체의 경험이다.

2022, 84쪽)라고 주장한다. 이렇게 아감벤의 새로운 존재론은 잠재성과 현실성 사이의 분리에 갇히지 않고, 무엇보다도 잠재성에 대한 현실성의 존재론적 우선성을 극복하면서 세계(사물)의 경험과 지식을 그것들의 잠재적 존재, 가능성의 총체에 되돌려주는 존재론이다. 그리고 양자역학에서 확률에 대한 '성향(사건 야기 성향)' 해석 역시 빈 서판의 이미지에 부합한다고 볼 수 있다. 잠재성은 그 자체로 이미 '실제적'이며, 실현하기 위한 개입의 필요 없이 현실화하는 존재의 속성인 것이다.

또한 아감벤 철학에 있어서 '잠재성'의 근본적 특성이 '비잠재성', 즉 현실성으로 이행하지 않을 가능성(실현할 수 없는 것으로서의 가능성)임을 주지해야 한다. 무엇보다도 그에게 이 비잠재성은 인간-주체로서의 가능성(인간적인 것의 속성)이다.[35] 즉 비잠재성(무엇을 하지 않을 가능성, 실현할

---

[35] "잠재성은 그 구성상 항상 비잠재성이다. 할 수 있는 모든 능력은 또한 항상 하지 않을 수 있는 있는 능력이다. 이것이 아리스토텔레스이…핵심이다. 인간이란 존재는 잠재성의 양태로 존재한다.…인간 이외의 생물은 스스로의 고유한 잠재성을 따를 수밖에 없다. 이들은 생물학적 소명에 각인된 단순한 행동만을 할 수 있다. 그러나 동시에 인간은 고유한 비잠재성의 역량을 가진 동물이다…" "할 수 있는 것으로부터 분

수 없는 것으로서의 가능성)의 행위만이 현실에서 역설적으로 진정으로 잠재성의 작용을 가능하게 한다. 즉 잠재성이 현실에서 실현되는 것을 목표로 함으로서 그 진리의 빛을 상실하는 것이 아니라 실현할 수 없는 것(비잠재성)으로 유지해야만이 오히려 잠재성이 역사적 질서에서 작용할 수 있고, 주권의 아포리아를 벗어나서 이 세계에 새로운 것의 빛을 내어줄 수 있다. 아감벤에게 있어 무엇보다도 주체적 인간은 "장치들에 포획, 분리된 것을 해방시켜 공통으로 사용"(아감벤, 2010, 38쪽)할 수 있는 잠재성을 지니고 있다. 오늘날 존재론적 장치는 한편으로는 인간을 '비잠재성(하지 않을 수 있는 능력)'으로부터 분리시키고, 그렇게 능력을 박탈당한 인간을 '할 수 있다'라고 믿는 '실현'의 동물들로 몰아간다. 그러나 아감벤에게 진정으로 '인간적인 것'이 된다는 것은 인간이 '하지 않을 수 있는 능력'인 비잠재성에 거하는 것이다.[36]

리된 사람들은 여전히 저항할 수 있다.... 여전히 하지 않을 수 있기 때문이다. 반면 스스로의 비잠재성으로부터 분리된 사람들은 무엇보다 이 저항 능력을 상실한다." 아감벤, 『벌거벗음』, 75쪽, 76-77쪽.

[36] "모든 인간의 역량은 비잠재성이다. 모든 인간의 잠재성은 자신의 결핍과 관계를 맺고 있다. 이것이 인간 역량의 기원이자 심연이며, 이것은 다른 살아 있는 존재자들과 관련해 볼 때 너무나도 격렬하

실현의 형이상학적 장치에 포획된 사람들은 그 시대의 존재론적 장치들에 진정으로 저항할 수 없다. 따라서 우리는 아감벤의 '마요라나의 사라짐'을 저항의 형식으로 사유해야 한다. 그 저항의 능력은 '실현'의 능력이 아니다. 비실현의 능력으로서 마요라나의 사라짐은 자신을 존재론적 장치의 작동(실현)을 가능하게 하는 메커니즘에 참여하거나 행동하지 않게 만든다.

아감벤의 마요라나는 그렇게 바틀비의 과학적 버전이 되었고, 이는 결국 아감벤으로 하여금 인간 문명[정치와 과학]의 방향을 다르게 정향시키는 '인간적인 것'에 대한 새로운

고 무제한적이다. *다른 살아 있는 존재자들은 자신의 특정한 잠재성만을 할 수 있다[인과적 역량]. 하지만 인간 존재는 그들 자신의 비잠재성을 행할 수 있는 동물이다.* 인간의 잠재성이 지닌 위대함은 인간의 비잠재성이 지닌 심연에 의해 측정된다. 여기에서 자유의 뿌리가 어떻게 잠재성의 심연에서 발견되는지를 알 수 있다. 자유롭다는 것은 이러저러한 것을 행할 수 있는 역량을 가지고 있다는 것이니며, 또한 이러저러한 것을 행하는 것을 거부할 수 있다는 것이 아니다. 우리가 보았던 의미에서 *자유롭다는 것은 우리 자신의 비잠재성을 행할 수 있다는 것, 우리 자신의 결핍과 관계를 맺는다는 것이다.* 이 때문에 자유는 선과 악 모두에 대한 자유이다."
Giorgio Agamben, *Potentialities*, Stanford University Press, 2000, 182-183쪽.

옮긴이의 독서노트

계보(바틀비와 마요라나), 새로운 철학적 인간학을 제시하도록 이끈다. 이 새로운 인간학의 기초가 되는 실현 할 수 없는 것으로서의 '실재'를 가동시키는 주체는 비잠재성의 주체이다. 이것은 또한 인간 문명에 새로운 설정, '실재란 무엇인가?'에 대한 새로운 정향을 세우는 것과도 관련된다. 비록 아감벤이 해석한 양자역학의 확률적 본성에 대한 마요라나의 결정적 반대(저항)가 양자역학 생성 초창기에 그 학문이 기술하는 것이 무엇인가에 대한 해석과 관련해 완전히 해소되지 않은 여러 가지 쟁점을 내포하고 있기는 하지만, 과학의 정향('실재란 무엇인가?')과 관련한 마요나라의 '사라짐'의 선택은 '실재적인 것'에 대한 비실현의 수호자로서의 면모를 잘 보여준다고 할 수 있다. 인간은 '무위적 생명체'라는 가설을 내세우는 아감벤에게 있어 이 '사라짐'이야말로 '인류 진화를 위한 형이상학적 기능'이라고 말했던 무위(관조)[37]의

---

[37] "*관조와 무위는 그런 의미에서 인류 진화를 위한 형이상학적 기능을 담당하며, 살아 있는 인간을 모든 종류의 생물학적, 사회적 운명으로부터, 의지와 상관없이 부여된 모든 과제로부터 해방시키면서, 인간을 우리가 '정치'나 '예술'이라는 이름으로 부르는 활동의 특별한 부재에 대처할 수 있는 존재로 만든다.*" 아감벤, 「창조행위란 무엇인가」, 『불과 글』, 2016, 87쪽~90쪽.

한 사례인 것이다. 우리는 이 무위를 '실현으로서의 이행' 개념에 맞서는 정치적 실천으로 간주할 수 있다. '실현할 수 없는 것으로서의 가능성'을 고수하는 주체는 무력한 존재가 아니라, 오히려 '분리'의 온갖 장치들을 통해 이루어지는 사회경제적 실현 활동들을 무위적으로 만들면서 인간이 무엇을 할 수 있는지 보여주고 새로운 가능성을 여는 주체이다. '무위적 실천'은 철저하게 존재론적 기계 장치들이 만들어낸 분리를 무력화, 비활성화하는 윤리적 정향을 갖는다. '분리'의 존재론적 기계 장치를 통해 '실현'을 가속화하는 자본주의 문명에 브레이크를 거는 것은 '실현하려는 힘' 내부에서 그 작동을 유예하는 '비실현의 힘', 구체적 종말론의 삶-의-형태이다.[38] 아감벤의 보여준 마요라나의 탈구성적 행위는 실재성

---

[38] "창조행위를 능력과 무능력 사이, 행동하거나 저항할 수 있는 힘과 이를 거부할 수 있는 힘 사이에서 팽팽하게 유지되는 일종의 긴장관계로 보아야 한다."(71쪽) "*하지 않을 수 있는 힘*'은 '*할 수 있는 힘*'의 *내부에 존재하는 저항력*이며, 힘이 단순히 행위로 전이되는 것을 저지하면서 스스로를 돌아보도록[~마치 아닌 것처럼], 스스로 잠재력이 되도록, 스스로의 무능력을 거머쥘 수 있도록 만든다(82쪽)." "잠재력이란 행동의 유보... 결핍의 형태로 현존하는 것이 바로 뒤나미스이다... 비잠재성은 하지 않을 힘이다(69쪽)." 아감벤, 「창조행위란 무엇인가」, 『불과 글』, 2016.

을 실현으로 구상하는 과학기술과 문명의 정향에 맞서 스스로를 중지시키고 자신을 무위의 모범적 형상으로 만들어버렸다.

Ⅲ- 정치 영역에서 실현개념 비판

"실현할 수 없는 가능성을 고수하는 정치만이 유일하게 참된 정치이다."

- Giorgio Agamben, 『L'irrealizzabile』, 2022, 86쪽.

아감벤은 한 저서에서 "오늘날 정치가 지속적으로 사라지는 중이고, 이 와중에 정치가 종교나 경제, 심지어 법과 비교해서도 하위에 있는 것으로 보인다면, 그것은 정치가 자신의 존재론적 지위를 의식하지 못함으로써 정치의 여러 범주와 개념을 점차 텅 비게 만든 변형을 마주 대하는 데 실패했기 때문"[39]이라고 말했다. 최근 아감벤은 정치의 존재론적 층위에 대한 혼동과 해방적 정치가 점점 사라져가는 이유에 대한 진단을 보다 선명하게 개념화하고 있다. 일례로 그는 지난 수 세기 동안 해방 정치를 사로잡았던 '구성 권력potere constituito'이라는 패러다임(실현의 존재론)으로부터 벗어나 '탈구성적 잠재력(비정립적 역량)potenza destituente'의 정치

---

39) 아감벤, 『목적 없는 수단』, 김상운·양창렬 옮김, 난장, 2009, 9쪽.

패러다임으로 전환을 말한다.

  이는 여전히 앵무새처럼 정치의 진리를 실현의 존재론에 찾는 좌파(마르크스주의)의 무지와 무능에 대한 아감벤 나름의 비판인 동시에 그 출구를 제시하는 것이다. 근대 과학을 사로잡았던 이행 패러다임에 근거한 실현의 존재론이 근대 해방 정치 영역에서도 작동해왔고, 여전히 그 패러다임에 사로잡혀 있는 정치적 주체들은 집권 패러다임이라는 주권의 악순환에서 벗어나지 못하고 있다. 아감벤은 『실현할 수 없는 것』(2022)에서 좌파의 정치 영역에서의 실현 관념에 대해 다음과 같이 비판하고 있다.

"하나님 나라(그리고 벤야민의 <역사철학에 관한 18번째 테제>가 명시하는 바와 같이 하나님 나라 개념의 세속화라 할 수 있는 계급 없는 사회에 대한 마르크스주의 개념)는 결코 정치적 행동의 목적으로 가정될 수 없고 혁명이나 역사적 변혁을 통해 '실현'될 수 있는 것이 아니다..... 벤야민의 단편의 관점에서 볼 때, 그렇다면 우리는 현대 이데올로기의 오류가 ❶ 메시아 질서를 역사적 질서에 투영해 버린 데 있으며, ❷ 하나님 나라가 그 자체의 적합한 유효성을 유지하기 위해서는 결코 실현되어야 할 목표로 상정될 수 없고 오직 하나의 종점으로만 상정될 수 있다는 사실을 망각한 데 있다고 말할 수 있다. 만일 하나님 나라가 세속적인 역사적 질서 속에서 실현되어야 할 것으로 제시된다면 필연적으로 기존 질서를 새로운 형태로 재생산하게 될 것이다. 이런 의미에서 계급 없는 사회, 혁명, 무정부 상태는 하나님 나라와 마찬가지로 그 자체의 힘과 본질을 잃지 않고는 목표가 될 수 없는 메시아적 개념이다.… '한 화살의 방향은 세속적인 것의 동력학이 작용하는 목표를 나타내고, 그 반대 방향이 메시아적 집약성의 방향을 나타낸다면, 자유로운 인류의 행복 추구는 그 메시아적 방향과 멀어지려 한다. 하지만 자신의 길을 가는 어떤 힘이 반대로 향한 길에 있는 다른 힘을 촉진할 수 있는 것처럼 세속적인 것의 세속적 질서 역시 메시아적 왕국의 도래를 촉진할 수 있다. 세속적인 것은 그 하나님 나라의 범주는 아니지만, 하나의 범주이며, 그것도 가장 적확한 범주들 중의 하나로서, 바로 그 하나님 나라의 지극히 조용한 다가옴의 범수이다[벤야민, 2008, 130쪽]' [벤야민에게 있어] 세속적인 것은 결코 '하나님 나라의 범주'는 아니지만 '가장 조용한 다가옴'을 촉진하는 원리로 작용한다. 철학이 정치에서 실현될 수도 없고 실현되어서도 안 되는데, [그 이유는 철학은] 그 자체로 이미 완전히 실재적인 것이기 때문이다 그리고 바울에 따르면 행위를 통해 율법을 실현해야 하는 의무가 정의를 낳지 않는 것과 마찬가지로 [벤야민에게] 메시아적인 것은 역사적 사건에서 실현 불가능한 상태로 남아서만 작동한다. 오직 이런 방식으로만 가장 귀중한 선물인 가능성을 보존할 수 있으며, 이 가능성이 없다면 몸짓과 사건을 위한 공간은 열리지 않을 것이다.... 메시아적 것의 근본적인 이질성은 새로운 역사적 질서에서 그것의 실현을 위한 계획이나 계산을 허용하지 않으며, 그 새로운 역사적 질서 안에서는 절대적 탈구성(비정립)의 실제 사례로만 나타날 수 있다. 그리고 탈구성적인 것은 구성 권력에서는 결코 실현되는 것을 허용하지 않는 잠재성[역능]으로 정의된다." (Giorgio Agamben, 2022, 14~15쪽.)

여기서 아감벤이 비판하는 정치 영역에서 작동하는 '실현' 개념은 하나의 형이상학적 '기계 장치'로써, 이는 벤야민과 마찬가지로 '세속 질서와 하나님 나라, 역사적인 것과 메시아적인 것' 사이의 관계에 관한 문제라고 할 수 있다. 벤야민(아감벤)은 두 요소의 근본적인 이질성을 단언한다.[40] 벤야민에게 하나님 나라가 역사 동력학(역사적 유물론)의 목표가 아니라는 이야기는 역사적인 것과 메시아적인 것의 사이의 이질성을 강조하는 것이자, 동시에 해방 정치를 '이행(실현)'-없는-정치로 번역해야 함을 말하는 것이다. 아감벤에게 있어서 '결정적인 요구, 즉 메시아적인 것(공산주의, 계급-없는-사회…)으로서의 '실재'는 '실현할 수 없는 것'으로 유지되어야만 하는 것이다. 그럼에도 해방 정치가 끊임없이 난관에

---

[40] "오직 메시아 자신만이 비로소 모든 역사적 사건을 완성시킨다. 그것도 메시아가 그 역사적 사건이 메시아적인 것에 대해 갖는 관계를 스스로 구원하고 완성하고 만들어낸다는 의미에서이다. 그렇기 때문에 어떤 역사적인 것도 그 자체로부터 메시아적인 것과 연관되기를 바랄 수 없다. 그렇기 때문에 하나님 나라는 역사 동력학의 목표가 아니다. 하나님 나라는 목표로 설정될 수 없다. 역사적으로 볼 때 하나님의 나라는 목표가 아니라 종말[종착점]이다. 그렇기 때문에 세속적인 것의 질서는 하나님 나라에 대한 생각에서 구축될 수 없으며, 그렇기 때문에 신정정치는 아무런 정치적 의미도 가질 수 없고 오로지 종교적 의미만을 갖는다. 신정정치의 정치적 의미를 신랄하게 부인했다는 점이 에른스트 블로흐의 『유토피아 정신』의 가장 큰 공적이다. 세속적인 것의 질서는 행복의 이념에 정향해야 한다…" - 발터 벤야민, 「신학-정치 단편들」, 『역사의 개념에 대하여』, 2008, 129~130쪽.

부닥치는 이유는 정치의 진정한 존재론적 층위를 오인하여 잠재성(메시아적인 것)을 실현할 수 없는 '실재'로서 남겨두지 않고, 잠재성의 경험[실험]을 현실성으로의 실현 과정으로 이해했기 때문이다.

이렇듯 지난 시기 해방 정치가 잠재성의 현실성으로의 실현으로 이해해왔던 구성 권력은 늘 '기존 질서를 재생산' 또는 더 교묘한 방식으로 강화해 왔다는 것이 더 정확할 것이다. 이런 정치 영역에서 '실현'의 형이상학적 장치들이라 할 수 있는 '정당'과 같은 '조직'은 그 기계적 작동을 통해 결정적인 요구(메시아적인 것, 가능적인 것)를 목표로 설정하고 그 실재성의 '실현'을 위해 기계-장치를 가동해왔다. 그러나 아감벤은 정치의 층위에서 작동하는 그런 가능성과 실재성의 분리, 이행(실현)의 관점을 버리라고 말한다. 그 이유는 그런 이행과 실현의 존재론은 늘 그와 같은 정치적 행동들이 기존의 현존하는 질서를 바꾸는 것이 아니라, 복귀하는 형태로 현존 질서를 강화해왔기 때문이다. "사실상 아무것도 바뀌지 않을 방식으로 변화를 이끌고자 하는 자들(아감벤, 『목적 없는 수단』, 133쪽)"은 비단 정치꾼들 뿐만이 아니다. 실현 패

러다임에 사로잡혀 선거철마다 온탕과 냉탕을 오가는 우리들의 모습이기도 하다.[41]

우리는 이 지점에서 실현 패러다임으로부터 벗어나는 정치를 사유하기 위해 최근 실뱅 라자뤼스가 말하는 "조직-없는-정치(조직 없는 주체)"에 대한 주장을 고찰해볼 필요가 있다. 라자뤼스는 『이름의 인류학』(1996년)에서 정치를 '대상'으로 사유함으로써 귀결되는 '계급주의'나 '국가주의'적인 정치로 벗어나기 위해 '내부성으로부터의 정치' 즉, 주체성으로부터 출발하는 정치를 이야기하였다.[42] 그러나 상황이 많이 변한 오늘날에는 "주체적인 것의 범주로 이해하는 것의 완전한 재창조"를 시도해야 한다고 주장하고 있다.[43] 라자뤼스에게 '역사적 정치 양식' 하의 '주체적인 것'은 '주체적 독특성들' 가운데 한 모습일 뿐이다: 즉 '조직된 형태(우리)'(Lazarus, 2022, 116쪽). 그의 분석에 의하면 지난 두 세

---

[41] 바디우 또한 해방 정치의 층위를 "국가 권력의 추구가 아니라, 국가를 강제하는"것에 둔다. 알랭 바디우, 「윤리와 정치」, 『가끔씩 우리는 영원을 경험한다』 박영기 옮김, 논밭출판사, 2021, 300~312쪽.

[42] 실뱅 라자뤼스, 『이름의 인류학』, 이종영 옮김, 2002, 새물결, 46쪽.

[43] Sylvain Lazarus, *Chronologies du présent*, La Fabrique, 2022, 115쪽.

기에 걸쳐 형성되었던 주체적 독특성들은 정치를 '조직'의 측면에서만 사유하였으며, 이런 사유 방식은 의회주의로 귀결되고, 결국 정당이나 선거(투표자)처럼 국가의 공간 속에 '정치'를 가두는 결과로 이끌었다. 정치를 국가의 공간 속에 갇히게 만든다는 것은 정치의 진리를 '경제(학 비판)' 그리고 그에 대한 '대안 경제' 속에서 찾게끔 만드는 것이다.[44] 이는 정치를 끊임없이 정권 교체라는 국가의 공간 속 실현의 패러다임 안에 갇히게 만들었고, '주체적인 것'을 '가능적인 것'의 존재론적 위상(자율성)에서 끊임없이 탈구시켜버리면서 주체적인 것을 현실성(정권 교체, 혁명)으로의 이행의 정치를 통해서만 사고하려 한다. 그런 정치적 주체 양상들은 '독특한 주체성들'을 끊임없이 국가적 공간으로 유출시키며, 이는 현상적으로 해방 정치의 위축과 소멸로 이어진다. 그 전환의 역할을 담당하는 것을 '조직'이라 부를 수 있다. 라자뤼

---

[44] 아감벤은 정치의 진리의 층위를 경제에서 찾는 현대 정치의 '모델이 바로 지옥'이라고까지 말하고 있다: "그리스도교 신학에 의하면 중단도 없고 종말도 없이 유일하게 합법적인 제도가 있는데 바로 지옥이다. 그러므로 세계의 무한한 경제화[성장]를 주장하는 현대 정치의 모델은 바로 지옥과 같은 것입니다." 조르조 아감벤, 「교회와 왕국」, 김운찬 번역, 『문학과 사회』, 27/4호, 2014년. 465쪽

스는 '국가'를 자신의 공간 속에 '주체적인 것과 조직'을 절합시켜 분리할 수 없는 것으로 만드는 패러다임이라고 말한다 (Lazarus, 2022, 105쪽). 그런 국가로부터 거리를 취하는 정치는 이제 새로운 주체적 독특성들의 가능성('조직-없는-주체적인 것')에 대한 탐색으로 나아가는 것이면서 동시에 실현 패러다임으로부터 벗어나는 정치를 추구하는 것이다. 여기서 라자뤼스는 '주체적인 것'을 '타자성'에 의해 조건지어지는 것으로 재창조하자고 주장한다.[45]

"조직이 '우리'의 질서라면, '우리'가 없는 주체적인 것의 지위는 무엇일까? 여기서 우리는 이질적이고 다수적 '나'인 '나'의 영역으로 이동하게 될 것이다..... 따라서 더 이상 내부성으로부터의 정치가 가능하지 않고, 집단적 주체의 환상 말고는 더 이상 '우리'가 없다면, '사람들은 사유한다'는 것과 관련하여 과연 우리는 어디에 있는가? 사유는 자신의 의견으로 생각을 사

---

[45] 아감벤 역시 '중간대의 존재론'을 말하면서 주체 개념의 존재론적 변형을 시도하였다. '대상을 사용하는 주체'(실현의 주체)가 아닌, '사용에서 구성된 주체'는 그것이 다른 신체(타자)와 관련되어 변용을 겪기에 정치적이고 윤리적이 된다.

유로 구성하는 것을 공식화/형식화할 수 있는 능력에 달려 있다.....'나'로 돌아가서, '내'가 무언가를 사유할 수 있는 조건은 타자성이라고 나는 주장한다. 타자성의 근거는 타자, 즉 '그/녀'가 또 다른 '나'라는 것을 '내'가 받아들이는 것이다. 따라서 나는 정치적 사유를 '내'가 '그' 또는 '그녀'를 이 '나'에 연결하는 호환성의 한 형태로 제안하거나 제시하는 제 삼의 공간이나 인격의 현존이라고 명명할 것이다. '그/녀'는 다른 '나'이고, 나의 '나'는 이 '그/녀'에 대해 세 번째, 즉 '그'의 지위를 갖는다. 이 타자, 이 '그' 그리고 이 '그녀'는 '나'에 대한 강력한 호명으로 작동한다."(Lazarus, 2022, 117쪽).

지난 시기 국가로부터 측면적으로 거리를 두고, 국가와 거리를 둔 공간을 창조하는 조직적 '우리'라는 주체성을 담아왔던 '당-없는-정치'라는 범주로부터 이제 타자성에 따라 조건 지어진 '나'에 근거하는 '조직-없는-주체적인 것' 범주로 나아간다. 이 차이를 라자뤼스는 다음과 같이 말하고 있다.

"[내부성의 정치에서] 우리 각자는 자신의 이름으로 말하고, 정치는 공통적으로 공유된다. 우리가 공통적으로 가진 것은 사람들의 관점에서 본 정치였다. 이는 그 그룹이 주체적인 것과 조직적인 "우리"를 동시에 근거로 삼은 것이다.... [반면 타자성에 따라 조건지어진 "나"] 나에게는 정치 조직(OP)이 해체된 2007년부터 현재까지 이어진 그 침체기에 저는 OP의 몇몇 친구들과 함께 Les Quelques-uns라는 소규모 그룹을 결성했다. 각자는 자신의 이름으로 말하고 행동하며, 각자의 개입에 대해서도 마찬가지다. 어떤 사람들은 노동자 보호소에서 일하기 시작했고, 어떤 사람들은 프랑스에 가족이 없는 노숙 외국인 미성년자와 함께 일하기 시작했고, 어떤 사람들은 집시 가족들과 함께 일했고, 어떤 사람들은 파리와 그 주변의 노동 계층과 빈곤한 동네와 도시에서 작업을 했다... 각자 자신의 이름으로 말하고 행동하는 것은 진부한 일이 아니다. 각자는 작은 회의를 위해 모였지만, 조직된 "우리"를 상정하기보다는, 개별적 주체성들의 다양성으로 남아 있다."(Lazarus, 2022, 117~118쪽).

이렇듯 국가로부터 측면적으로 거리를 두고, 국가와 거리를 둔 공간을 창조하는 정치는 "정치적 사유를 '내'가 '그/그녀'를 이 '나'에 연결하는 호환성의 한 형태로 제안하거나 제시하는 제 삼의 공간이나 인격의 현존"을 만들어내는 정치이다. 이는 기존의 이행의 정치와는 다른 과정을 통해 국가를 강제함으로써 조금은 다른 모습의 현실을 열 수 있을 것이다.

라자뤼스의 '조직-없는-주체적인 것'과 아감벤의 탈구성적 (비실현) 정치는 서로 교차하는 면이 있다. 그러나 아감벤이 누차 주장하였듯이 지난 시기 주로 조직적 주체들에 의해 시도되었던 구성 권력이라는 실현에 대한 열망으로부터 벗어나 탈구성적 정치를 가동시키는 일은 쉬운 일이 아니다. 왜냐하면 아감벤에게 있어 탈구성적인 것은 오직 '삶-의-형태'를 통해서만 수행될 수 있기 때문이다.[46] 삶-의-형태는 자신의 삶을 '(비)잠재성'과의 관계를 유지하려는 삶이다. 그런

---

[46] "비국가적 정치의 가능성에 대한 질문은 반드시 다음과 같은 형태를 띤다. 오늘날 삶-의-형태 같은 뭔가를 파악할 수 있는가? 즉, 살아가는 와중에 삶 자체가 문제가 되는 삶, 곧 역량(잠재성)의 삶이 가능한가?..... 삶-의-형태로 구성하는 관계를 사유라고 부른다.....사유한다는 것은 현실태로 존재하는 이런저런 사유의 내용에 의해 촉발됨을 의미하는 것이 아니라, 오히려 자기 자신의 수용성에 의해 촉발[자기 촉발 수용성]되는 동시에 각자의 사유 속에서 사유하기라는 순수한 역량을 경험하는 것을 의미한다." 조르조 아감벤, 「삶-의-형태」, 『목적 없는 수단』, 김상운, 양창렬 옮김, 2009, 20쪽.

삶-의-형태에 입각해 수행되는 탈구성적 정치에 부합하는 주체의 모습은 조직적 '우리'보다는 '조직-없는-주체들'이 더 가까워 보인다. 실재를 '실현할 수 없는 것'으로 사용하고, 비잠재성을 인간의 고유한 잠재력으로 작동시키는 삶-의-형태로서의 조직-없는-주체들은 자연과 역사에 대한 인간의 행위를 과거와는 조금은 다른 방식으로 정향시킬 수 있을 것이다. 아감벤은 자연과 역사에 있어서 가능적인 것은 '실현할 수 없는 것'으로 남아 있을 때만이 현재와 미래의 상황을 바꿀 수 있는 그 온전한 힘이 가동되며, '가능적인 것'은 목표로 설정하는 것을 포기해야만 자연과 역사의 질서 앞에서 그나마 그 실현의 악순환을 멈출 수 있다고 말한다; "구성적 폭력으로 무너졌을 뿐인 권력은 구성 권력과 구성 권력 사이의 끊임없고 승리할 수 없는 황량한 변증법 속에서 또 다른 형태의 권력으로 부활한다(Agamben, 2015, 266쪽)"

요약해보자. 정치에 있어서의 실현 패러다임에 대한 비판을 통한 정치의 존재론적 지위에 대한 새로운 구상은 ❶ 비실현으로서의 탈구성적 정치는 '가능적인 것'을 '목표'로 삼지 않으며, 장치에 이루어진 사회-경제적 온갖 분리와 차이들(육체노동/정신노동, 도시/농촌, 지적 차이, 성적 차이)에 저항함으로써 무력화, 비활성화하는 방향을 추구한다. ❷ 그 주체는 지난 시기의 '우리'보다는 '조직-없는-주체'의 모습을 취하며, 그 주체의 삶-의-형태는 가능성의 실현을 추구하면서 서구를 성장시킨 "실현의 논리"가 아닌 다른 논리를 추구한다. 조직-없는-주체의 삶-의-형태는 비잠재성의 삶의 방식, 아감벤이 고린도 전서 7장 29~31절에서 이끌어낸 '아닌 것처럼'의 삶-의 형태이다:[47] "'아닌 것-처럼'은 포기 없는 물러남이다. '아닌 것-처럼'의 형태로 살아가기의 의미는 이런 물러남을 새로운 정체성의 정립하지 않고서, 모든 사법적이고 사회적 소유를 탈구성[비정립]하는 것을 의미한

---

[47] *"거부 없는 비정립[탈구성]입니다. '~이 아닌-듯이'의 형태로 산다는 것은 새로운 정체성을 수립하지 않으면서 일체의 법적이고 사회적인 특징['분리의 장치']를 비정립한다는 뜻입니다. 이런 의미에서 삶-의-형태는 사회적 조건들['분리의 존재론적 기계 장치']을 가차 없이 비정립하는[내려놓는] 것입니다. 이 조건에서 삶-의-형태는 이 조건들을 부정하지 않고 그저 사용하면서 살아갈 뿐입니다.... 여기서 '사용'은 메시아적 삶의 형태에서 비정립하는 역량을 이릅니다. 이것은 이 '세계의 형상'을 비정립합니다.... 권력과 그 작업의 비정립은 몹시 힘든 과제입니다. 비정립은 오직 삶-의-형태에서만 수행될 수 있기 때문입니다. 삶-의-형태만이 구축적으로 비정립적입니다."* (아감벤, 「비정립적 역량 이론을 위한 개요」, 김상운 옮김, 『문화과학』, 2014, 290~291쪽)

다."(Agamben, 2015, 27쪽).

참고문헌

- 김명석, 『확률』, 학아재. 2024.
- 김재영, 「칼 포퍼의 〈탐구의 논리〉와 양자역학의 성향 해석」, 『철학, 사상, 문화』 36호, 2021년.
- 김재영, 「막스 보른의 양자역학과 그 해석」, 『물리학과 첨단기술』 33(9), 2024.
- 김재영, 「성향 해석과 양자이론의 존재론적 기초」, 2023년도 과학철학회 발표글.
- 리 스몰린, 『아인슈타인처럼 양자역학하기』, 박병철 옮김, 감영사, 2021.
- 루돌프 바로, 「구원의 논리」, 『녹색평론』, 김종철 옮김, 녹색평론사 1994년 7/8월호.
- 마르틴 하이데거, 「기술에 대한 논구」, 『기술과 전향』, 이기상 옮김, 서광사.
- 발터 벤야민, 「신학적·정치적 단편」, 『역사의 개념에 대하여』, 최성만 옮김, 길(도서출판), 2008.
- 베르너 하이젠베르크, 『물리와 철학: 근대 과학의 혁명』, 조호근 옮김, 서커스, 2018.
- 실뱅 라자뤼스, 『이름의 인류학』, 이종영 옮김, 2002, 새물결.
- 애덤 베커, 『실재란 무엇인가』, 황혁기 옮김, 승산, 2022.
- 알랭 바디우, 「윤리와 정치」, 『가끔씩 우리는 영원을 경험한다』. 박영기 옮김, 논밭출판사, 2021.
- 알랭 바디우, 『철학을 위한 두 번째 선언』, 박성훈 옮김, 도서출판 길, 2022년.
- 장회익, 『양자역학을 어떻게 이해할까? 양자역학이 불러온 존재론적 혁명』, 한울, 2021.

- 조르조 아감벤, 「교회와 왕국」, 김운찬 번역, 『문학과 사회』, 27/4호, 2014년.
- 조르조 아감벤, 『바틀비: 혹은 우연성에 관하여』, 김상운·양창렬 옮김, 현대정치철학연구회, 2020.
- 조르조 아감벤, 『벌거벗음』, 김영훈 옮김, 인간사랑, 2014.
- 조르조 아감벤, 「비정립적 역량 이론을 위한 개요」, 김상운 옮김, 『문화과학』, 2014 겨울호.
- 조르조 아감벤, 『장치란 무엇인가』, 양창렬 옮김, 난장, 2010.
- 조르조 아감벤, 『목적 없는 수단』, 김상운·양창렬 옮김, 난장, 2009.
- 조르조 아감벤, 『창조행위란 무엇인가』, 불과 글, 윤병언 옮김, 2016.
- 칼 포퍼, 『포퍼 선집』, 이한구 옮김, 철학과 현실사, 2018
- 황수영, 『근현대 프랑스 철학의 뿌리들』, 갈무리, 2021,
- 한국물리학회, 『물리학 용어사전』, 북스힐, 2013.
- 한스 크리스천 폰 베이어, 『큐비즘이 슈뢰딩거의 고양이를 구하다』, 이덕주 옮김, 동아엠앤비』, 2016.
- 퀑탱 메이야수, 『유한성 이후』. 정지은 옮김, 비(도서출판b), 2010.
- Alain Badiou, *Logics of Worlds*, trans: Alberto Toscano, Continuum, 2009,
- Christian de Ronde, Immanent Powers versus Causal Powers (Propensities, Latencies and Dispositions) in Quantum Mechanics. 2019.
- Damiano Sacco, Majorana's Sacrifice: On Agamben's What is Real?, *Journal of Italian Philosophy*, Volume 2.
- Damiano Sacco, Shifting Presence: Giorgio Agamben's and Karen Barad's Reflections on Quantum Mechanics, *The European Legacy* : Volume 27, 2022 - Issue 2.
- Giorgio Agamben, Destituent Poteniality and the Critique of

Realization, *The South Atlantic Quarterly*, January, 2023,

- Giorgio Agamben, *L'irrealizzabile*. Einaudi, 2022.
- Giorgio Agamben, *Potentialities*, Trans: Daniel Heller-Roazen Stanford University Press, 2000.
- Giorgio Agamben, *The Use of Bodies*, Trans: Adam Kotsko, Stanford University Press. 2015.
- Karim Bschir, Potentiality in Natural Philosophy, *Physic & Speculative Philosophy: Potentiality in Modern Science*, Edited by: Timothy E. Eastman, Michael Epperson and David Ray Griffin, 2016, De Gruyter.
- Karl R, Popper, *A World of Propensities*, Thoemmes Press, 1990.
- Michel Bitbol, Quantum Mechanics as Generalised Theory of Probabilities, Collapse Volume VIII.
- Rita Šerpytytė, The Problem of Reality and Modal Ontology, Open Philosophy 2020.
- Ruth Kastner, *Understanding our unseen Reality: Solving Quantum Riddles*, Imperial College Press, 2015.
- Ruth Kastner, Stuart Kauffman, Michael Epperson, Taking Heisenberg's Potentia Seriously, *International Journal of Quantum Foundations 4* (2018).
- Sylvain Lazarus, *Chronologies du présent*, La Fabrique, 2022.
- Sylvain Lazarus, Subjective Singularities, *Crisis & Critique*, Vol 9, Issue 2.